新量法師與萬佛閣

學誠

《新量法师与万佛阁》编委会

新量长老尼法像

序 一

学 诚
中国佛教协会会长

万佛阁地处上海奉城，建于明初，是一座历史悠久、影响一方的名胜古刹。六百多年风雨沧桑的日夜消磨，令她几经废圮；多少代释门弟子的苦心经营，又令她几度重光。当改革开放的春天到来，党的宗教政策落实之后，万佛阁再次从尘埃中矗立起来，佛像精美庄严，殿堂巍峨壮观，梵呗绕梁，法音宣流，昔日盛况得以重现。这些都凝聚了新量法师和其弟子们二十多年来筚路蓝缕、呕心沥血的辛苦付出。

新量法师，世寿九十六，僧腊九十一，戒腊七十六，是上海市佛教协会前理事、咨议委员，上海市奉贤区佛教协会名誉会长。她是上海南汇人，与万佛阁有着甚深的宿世因缘，可谓生于斯，长于斯，成于斯，终于斯。她出生于佛教家庭，五岁时便在万佛阁剃度出家，在此一心修学办道。因其勤劳好学，修行精进，早年便呈现出法门龙象的面貌。十八岁，在焦山定慧寺得受三坛大戒。二十四岁，从师公了愚法师得临济宗第四十八代法脉，并被推举为万佛阁住持，开始正式主持寺庙法务。

虽然有着绍隆佛种、光大佛法的心愿，也正是年富力强的年纪，然而此时正逢国难当头、战云密布的艰难岁月，新量法师也只能尽力撑起道场的门面，谨慎维持道众们的生计。

恢复与落实宗教政策以后，1989 年万佛阁正式开放。新量法师回归祖庙，亲自主持万佛阁的重建工作，此时已届七十岁高龄。有感于万佛阁无有“万佛”之实，她又发下宏愿，建设万佛楼。从 1998 年奠基到 2003 年落成，万佛胜景重兴于世，叹而观止。2008 年到 2013 年，大雄宝殿启建并竣工。万佛阁整修一新，熠熠光辉，焕发出新的生命。

在推进寺院硬件建设的同时，新量法师也十分重视佛教人才培养。1998 年 9 月，万佛阁开办第一期尼众培训班。十年中，培养出近百名僧才。2012 年 11 月，万佛阁开办律学研习班，以戒为师，严净毗尼。此外，1984 年至 1989 年，她在慈修庵任维那，并在上海佛学院尼众部任监学。在此期间，她承担诸多寺务与教务工作，教授法器，督导威仪，尤重身教垂范，其培育的很多僧才后来都成为佛教的栋梁。

出家人修学办道，不仅是了脱个人的生死大事，更是承担起弘扬佛教、住持三宝的重要责任。回顾新量法师的一生：重建庙宇，中兴古刹，正是住持佛宝的体现；持戒念佛，临终祥瑞，正是住持法宝的体现；培养僧才，桃李天下，正是住持僧宝的体现。《新量法师与万佛阁》一书以详实的文字和珍贵的图像，将她的不凡一生以及万佛阁的沧桑巨变展现于世人面前。以此为序。

序二

觉醒
中国佛教协会副会长

2015 年 8 月 14 日，原上海市佛教协会前理事、奉贤区佛教协会名誉会长、奉贤区政协委员、万佛阁中兴之祖新量法师于万佛阁安详示寂，近一年来，上海佛教四众弟子无时无刻不在怀念着这位为上海佛教尤其是上海佛教尼众道场的恢复和振兴作出杰出贡献的一代尼师。

新量法师是奉贤区本地人，1924 年在万佛阁出家，1938 年 4 月于镇江焦山定慧寺受具足戒，1943 年得了愚师公授记传承临济宗第四十八代。“文化大革命”期间，新量法师持戒精严、坚守道心、不改僧相。落政之后，她主动召集尼众，恢复正常有序的宗教活动。1984 年，应时任上海市佛教协会副会长、上海慈修庵住持观性长老尼邀请常住慈修庵，担任寺院维那兼上海佛学院尼众部监学，同期当选为上海市佛教协会理事。20 世纪 80 年代末，受奉贤县政府邀请，任奉贤县佛教协会（筹）负责人，住锡万佛阁主持恢复重建工作。在新量法师的不懈努力下，万佛阁初期建设于 1994 年竣工落成，并于当年 3 月隆重举行了新量法师晋院升座典礼，万佛阁从此名蓝得主、重放光明。

新量法师就任住持后的二十余年间，在其爱徒上海市佛教协会副会长性康法师的鼎力协助下，万佛阁殿宇洁净、道场庄严、尼众安和、学修风正，尤其是佛学院律学班的长期开办，为上海佛教尼众道场输送了一批又一批契合时代要求的青年尼师，对于充实上海佛教僧尼队伍、丰富上海佛教僧尼人才结构、提高僧尼整体素质，平添了发展后劲、增强了发展动力。

新量法师的一生，是近现代中国佛教发展的一个缩影，其爱国爱教、弘法利生的大行大愿堪称教界典范、时代楷模。其高尚无私的人格风范、宽厚慈爱的菩萨胸怀、普利群伦的佛子心胸、开拓进取的非凡气魄、深沉淳厚的爱国情怀，为当代佛教树立了一座行愿在人间的历史丰碑，留下了一笔资益后学的宝贵财富。

我们今天缅怀新量法师，就要继承和发扬她的爱国爱教精神，积极协助党和政府贯彻落实宗教信仰自由政策，坚持走与社会主义社会相适应的道路；学习她深入经藏，手不释卷，精进弘法的品格，广行悲智弘愿，勤解众生烦恼；学习她“无缘大慈，同体大悲”的济世情怀，热心社会慈善公益事业，积极服务经济社会发展。

以纪念和缅怀新量法师为契机，我们要积极响应党和政府号召，认真贯彻中国佛教协会关于加强信仰建设、道风建设、教制建设、人才建设、组织建设和文化建设的精神，努力开创当代佛教寺院管理和僧尼素质提升的崭新局面。

薪火相传，法脉流转。新量法师圆寂后，我们欣喜地看到，新任住持性康法师积极继承先师遗志，主动带领万佛阁尼俗大众，高举爱国爱教、团结进步的旗帜，大力弘扬“庄严国土，利乐有情”的“人间佛教”思想，坚定不移地走与社会主义社会相适应的道路，万佛阁的道风建设、制度建设、文化建设、法务修持有口皆碑，多次荣获表彰、领受嘉奖。在满足广大信众宗教文化生活需求的同时，为奉贤区的经济发展和社会和谐作出了杰出的贡献。

转眼之间，新量法师离开我们已经一年有余。为表达对受业恩师的无比崇敬和爱戴之情，性康法师多方搜集并认真整理出反映新量法师与万佛阁殊胜因缘的历史资料和回忆文章，精心汇辑成册，期冀能于寄托深切缅怀之时，圆满达成长养众生善根、传承祖师心灯之效用，可谓“功在当下，利传千秋”之善举，对此我们深表赞叹和欣慰！

惟愿以此功德，仰承佛光注照、诸天齐护：新量法师早日上生兜率，亲近慈尊，悲悯垂化，乘愿再来！

序三

妙　灵
上海市佛教协会名誉会长

不知不觉间，新量法师安详示寂已近一年时间了，回首往昔，法师的音容笑貌仿佛仍在眼前。为《新量法师与万佛阁》一书出版之因缘，而撰此序文以为纪念，表达对新老的缅怀之情。

新量法师于 1920 年 9 月出生于一个佛教氛围浓郁的家庭，幼有夙慧，五岁即于上海奉城镇万佛阁出家，她与万佛阁的因缘也由此而起。1938 年 4 月，新老赴江苏镇江焦山定慧寺，依德进大和尚圆受三坛大戒。1943 年，新老开始挑起管理万佛阁日常寺务的责任并担任住持，带领僧众精进修行。此外，新老还曾担任上海市佛教协会理事、上海市佛教协会咨议委员、奉贤区佛教协会名誉会长等职，将自己的一生都贡献给佛教事业，为上海佛教的弘法利生事业作出了重要贡献。通过新老生平的点滴事迹，我们看到一位兢兢业业、勤勤恳恳扎根上海佛教事业的大德身影。

老衲与新量法师曾在上海佛学院初成立之时，共事过一段时间。那时，老衲担任上海佛学院监学，新老担任尼众班监学。之前，老衲也对新老的品德行为有所耳目，但在共事之后，仍为新老在佛法修持上的勤勉精进、对学僧的关怀呵护感到敬佩。1984 年，恢复上海佛学院的申请报告批准不久，一切都在重组之中，面临诸多的琐屑的事务和重重困难。当时新老也是上海佛学院的组建者之一，即便事务缠身，各种琐事不断，新老给人的印象一直是从容淡定，将各项事务处理得有条不紊。佛学院任教期间，新老将心思都用在弘扬佛教、培育僧才身上，她不但对学僧在学修上严格要求，生活起居上更是关怀备至。老衲记得新老十分擅长梵呗，娴熟佛事，在事务繁忙之余，她常常抽出时间来亲自手把手教每位学僧梵呗唱腔及法器运用，深受学僧欢喜爱戴。如今，被新老培养出来的学僧已经遍布海内外，包括美国、泰国等国家和地区，一些当年的学员如定慧、性康、常济、信弘、常宽等均为现在上海各尼寺住持，皆已是教化一方的大德法师了。

1989 年 6 月，经奉贤县人民政府的批准，万佛阁成为奉贤县第一所恢复开放的佛教场所，新量法师多年的夙愿终于如愿以偿。从此她便开始带领尼众和信众重修万佛阁，管理万佛阁的日常寺务，为僧众和信众提供清静道场。差不多在同一年，上海佛学院第二届尼众班毕业之后，由于事务繁冗，新老便不再继续担任佛学院监学的职责，专心致力于重建万佛阁，一路走来胼手胝足，筚路蓝缕。万佛阁在 1989 年恢复开放之后，寺务和法务活动在新老主持下有条不紊，信众逐年增加，九十年代后，新老再次扩建万佛阁，凭借精纯愿力和虔诚信仰，历经数年终于大愿圆满。

如今的万佛阁殿宇巍峨，法音流转，梵业清净，已是沪上规模最大的尼众道场。老衲欣慰看到，万佛阁现任住持性康法师继承新量法师衣钵，统领尼众持戒修行，弘扬佛法，将万佛阁各种寺务和法务活动开展得井井有条，也将佛教慈悲为怀的精神、将新老弘法利生的精神继续传承。

最后，祈愿佛法兴盛，众生安乐；祈愿新量法师不舍众生，乘愿再来。

嘉宾题词

中国佛教协会副会长	正　慈	长者如斯
上海市佛教协会会长	慧　明	四众景仰
上海市佛教协会副会长	照　诚	法教如在
上海市佛教协会副会长	世　良	菩萨低眉
上海市佛教协会副会长	悟　端	万佛有传灯
上海市佛教协会副秘书长	广　德	新芽旧枝承先启后留轨范 量力度德徒孝孙贤播高风
奉贤区佛教协会会长	慧　之	人天师表
书法家、前辈居士	季仁葵	乘愿再来

长者如斯 142.5cmx38cm

正慈（中国佛教协会副会长）

四众景仰 *142.5cmx70cm*

慧明（上海市佛教协会会长）

法教如在 139cmx36.5cm

照诚（上海市佛教协会副会长）

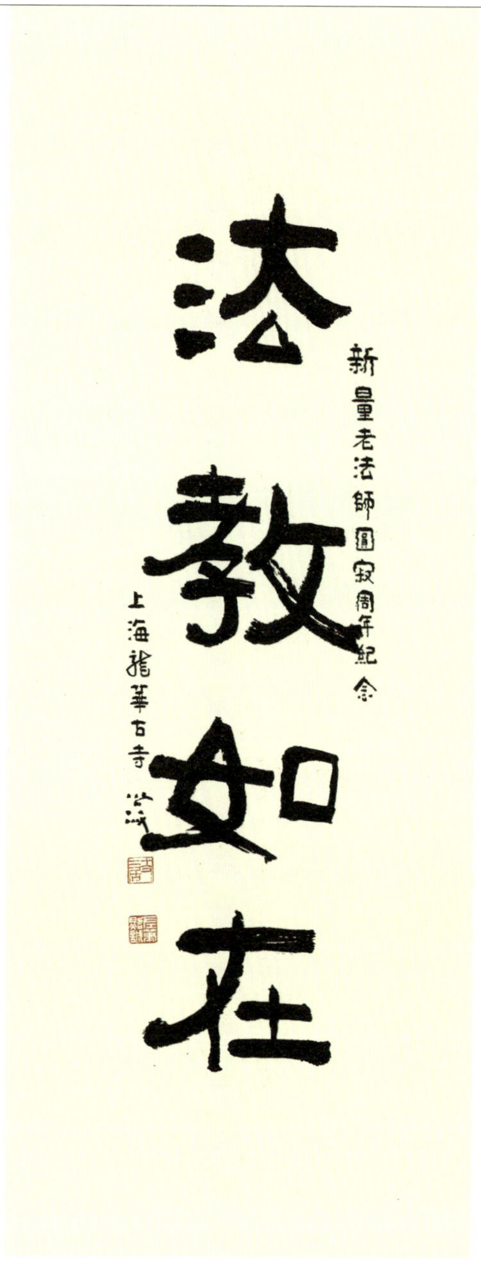

菩萨低眉 121.5cmx38cm

世良（上海市佛教协会副会长）

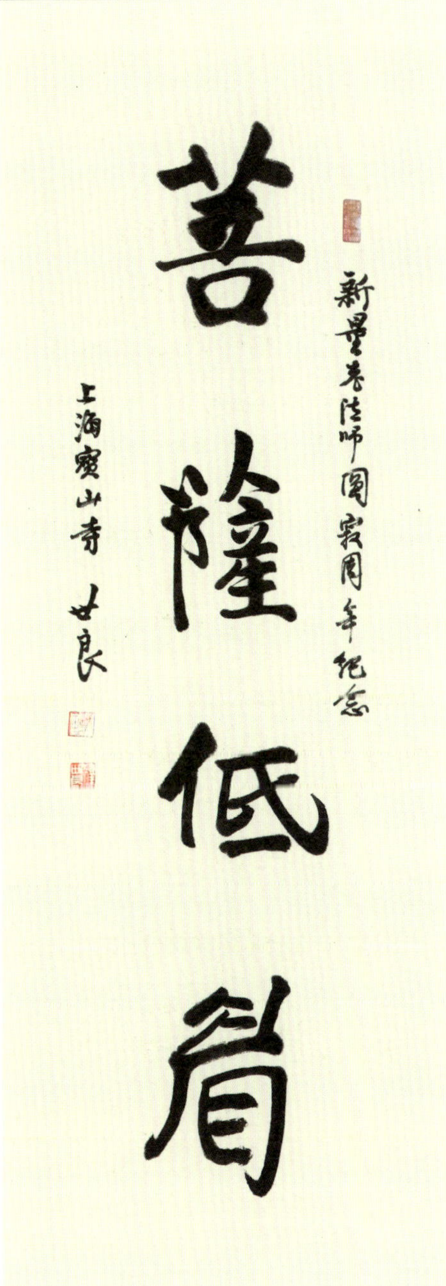

万佛有传灯 142cmx38.5cm

悟端（上海市佛教协会副会长）

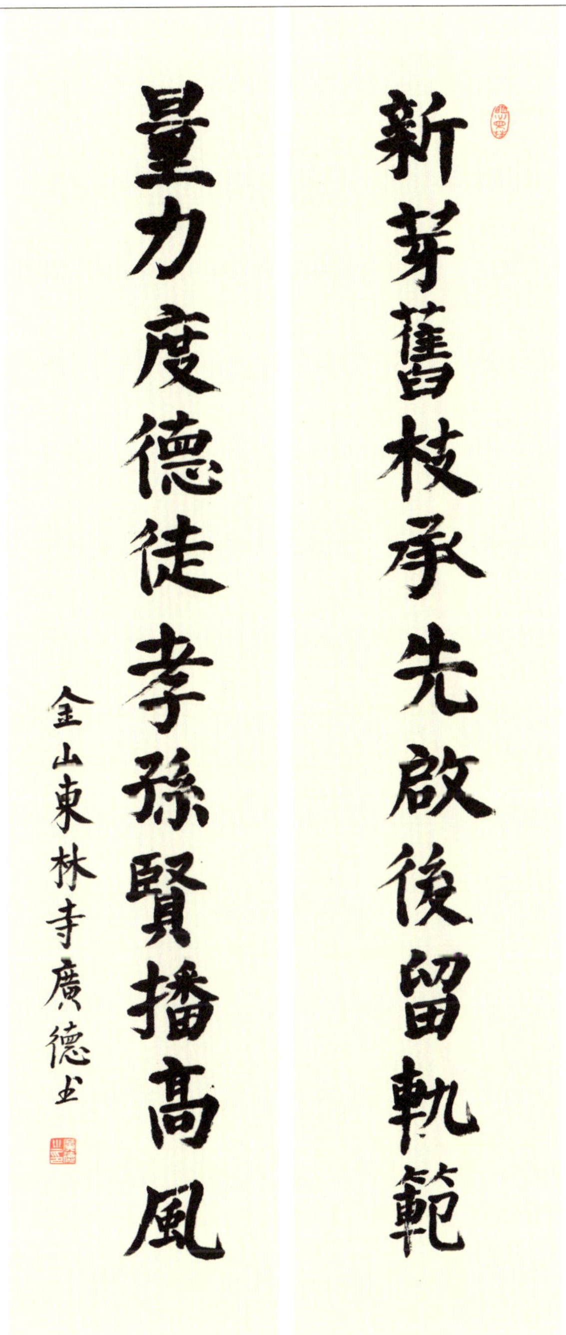

新芽旧枝承先启后留轨范

量力度德徒孝孙贤播高风　143cmx37.5cm

广德（上海市佛教协会副秘书长）

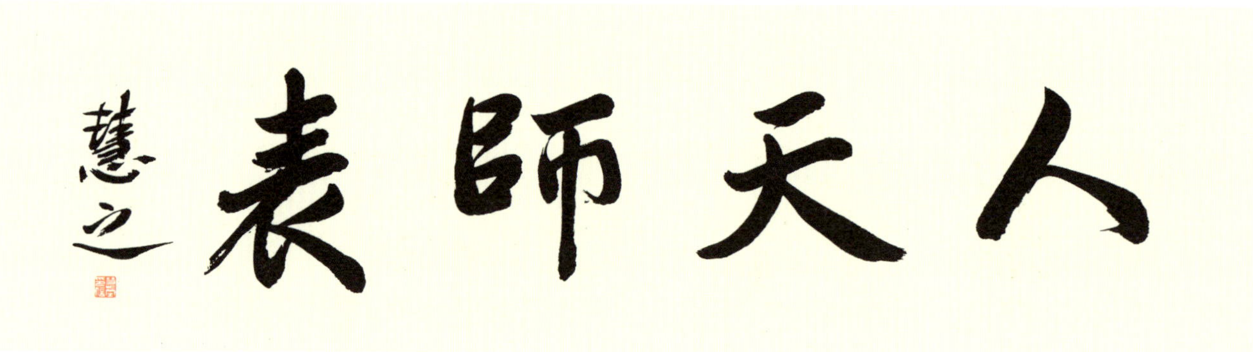

人天师表 143cm×39.5cm

慧之 （奉贤区佛教协会会长）

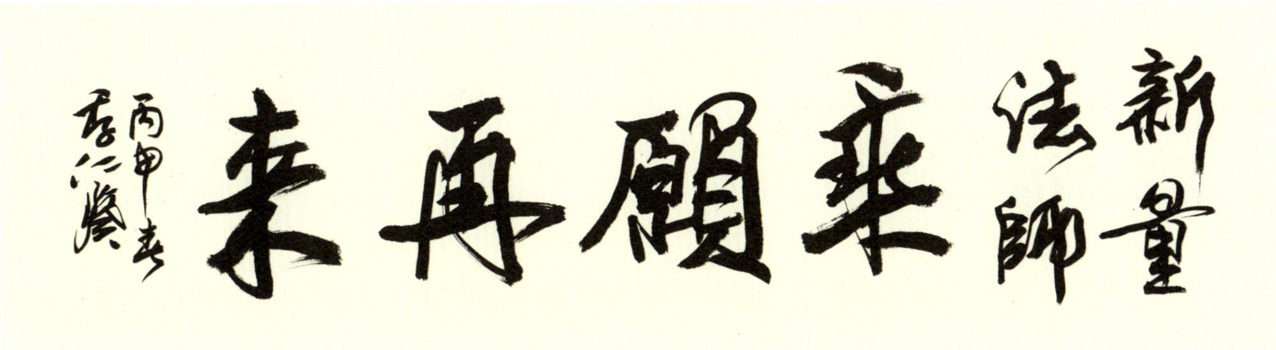

乘愿再来 *143cmx39.5cm*

季仁葵（书法家、前辈居士）

目 录

上编

大德懿行

新量法师，1920 年 9 月出生于上海南汇（现上海市浦东新区）泥城镇横港村的一户农家。家世奉佛，五岁即由父亲送到奉贤县奉城（现上海市奉贤区奉城镇）万佛阁出家。1938 年 4 月，十八岁的新量法师在江苏镇江焦山定慧寺，依德进法师圆受三坛大戒。1943 年，二十四岁的新量法师挑起了管理万佛阁日常寺务的重任。当时万佛阁有庙产土地二十余亩，修行尼众三十余名。年轻的新量法师受师父重托，带领尼众们精进修持，农禅并重，为佛教弘法事业努力修行。

新量法师一生精严持戒，弘临济祖风，承接禅门法脉，为临济宗第四十八代传人。她曾任上海市佛教协会理事、上海市佛教协会咨议委员、奉贤县佛教筹备组组长、奉贤区佛教协会名誉会长等职，此外还先后当选过奉贤县政协第六届、第七届、第八届、第九届委员，奉贤区政协第一届、第二届委员等。

新量法师的一生，是为法弘道的一生，是努力精进的一生，是悲愿深重、爱国护民的一生，为上海佛教的繁荣复兴事业作出了重大贡献。

第一章

童真入道

缓缓流淌的黄浦江，像母亲一样哺育了长江入海口这片肥沃的土地。自1843 年上海开埠后，经过半个多世纪发展，到了二十世纪初，已经从一个华洋混居、五方杂处的商埠，发展成为远东第一大都市。然而在上海浦东南汇、奉贤一带的乡村小镇，却依然窄街小巷、桥浜交错。经济仍以农耕为主，生活模式也基本保存那种日出而作、日落而息的方式。

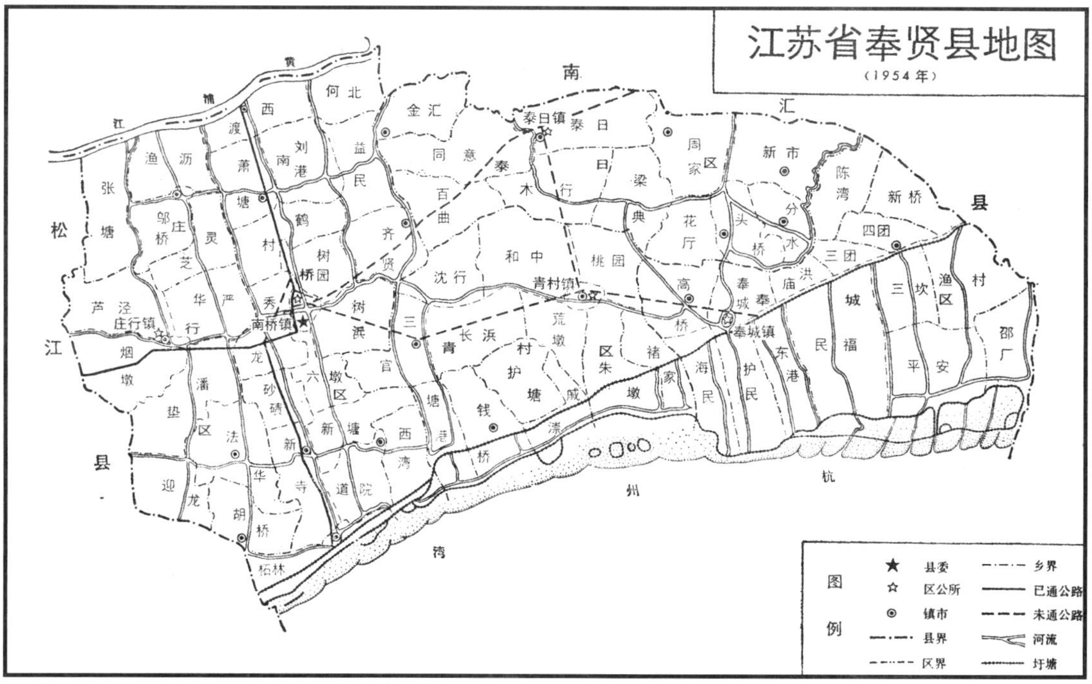

50年代的奉贤地图

佛教传入上海已经有一千七八百年的历史，相传三国东吴孙权赤乌年间，有祖籍康居的僧人康僧会大师来江南弘传佛法，现在上海著名的龙华寺、静安寺，据说就是这时建立的。南汇地区位于上海东南一隅，本是长江三角洲冲积平原的一部分。根据史料记载，宋代就有南迁的移民在这一带开垦滩涂，明洪武年间属金山卫治，清雍正年间始建县。南汇地区有诸多江南水乡古镇，也曾孕育了诸多历史名人，如著名革命家、理论家张闻天，著名翻译家、文艺评论家傅雷等，都是南汇人。这片土地有着深厚的文化底蕴，新量法师就诞生于此。

新量法师，原为南汇顾氏小女，俗名讳桂珍。1920 年 9 月，生于南汇泥城横港村。顾氏家族与佛教因缘深远，家中眷属平素常亲近南汇净心庵净船比丘尼。桂珍四岁时母亲往生，家人为桂珍母亲在净心庵供奉莲位，念佛超荐，以祈求往生净土。在此期间，年仅四岁的小桂珍紧跟着寺院的法师们和家人一起上香礼佛。净船法师看到年幼的桂珍如此聪慧乖巧，认为是具大善根者，将来必成大器。1924 年，年仅五岁的小桂珍由净船法师引荐，在父亲和姑妈的护送下，出家于奉城万佛阁。时任万佛阁住持的了愚法师命弟子又禅法师作为小桂珍的皈依师，并择吉日为小桂珍剃度，取法名“新量”。

新量穿上了僧服，成为驱乌沙弥尼，开始随众过着寺院僧团的生活。年幼的新量法师比同龄的孩子高大，勤劳好学，每日随师父学习读经、学敲法器、学做日常生活事务，短短数月，即能背诵出早晚功课。她天生独具超群的梵音基础，这让了愚师公和又禅师父及万佛阁全体尼众们无比赞叹欢喜。

了愚师公在新量法师九岁时即送她进奉城小学读书。新量法师在校勤奋学习，以优异成绩完成各门功课。每日放学归寺，还随大众诵经念佛，自此兼习内外，精进不已。三年后，她顺利地完成了初级小学课程，为日后深研佛学、精进修行奠定了文化基础。

新量法师小学毕业后，留在寺院随师学习经典、研究教理、唱诵梵呗、念佛共修。她特别喜爱书法，每日练习，由此练就一手好字。十四岁时就已成长为形同沙弥尼，到了十六岁，便由了愚师公为其传授沙弥尼戒法，成为一位如理如法的法同沙弥尼。

此后，新量法师一直随侍师父和师公在万佛阁。万佛阁历来遵循“农禅并重”的传统。这种传统由唐代百丈怀海禅师创立，将僧人的修行融入日常的生活和劳动中，出家人以“一日不作，一日不食”为轨持，成为中国佛教各宗派寺院遵循的祖训。万佛阁当然也不例外。新量法师出家时，万佛阁尚有田地二十余亩。新量与寺内的师父们一起下田劳动，锄草、种豆、摘棉花等，各种农活都学着做，在劳动中体悟佛法的精髓。

除劳动之外，万佛阁每年还会依例举办一些佛事，其中最多的就是“佛七法会”。佛七法会也称打佛七，主要依据《佛说阿弥陀经》《观无量寿经》等经。如《佛说阿弥陀经》中说：“若有善男子，善女人，闻说阿弥陀佛，执持名号，若一日、若二日、若三日、若四日、若五日、若六日、若七日，一心不乱，其人临命终时，阿弥陀佛与诸圣众，现在其前。是人终时，心不颠倒，即得往生阿弥陀佛极乐国土。”

《观无量寿佛经》中也说：“一日乃至七日，即得往生。”因此佛七法会是佛教中常见的修行方法，佛弟子们籍此精进修行，是为了希望能克

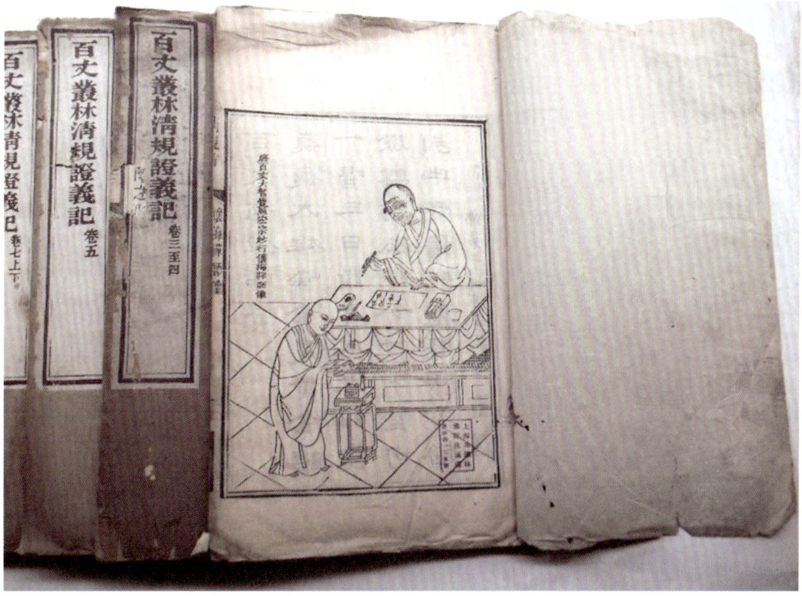

期取证。举办佛七法会，需要做好一系列寺务，例如采购供品、布置场地，安置佛坛，等等。每当举办佛七法会时，了愚师公都会让新量法师协助参与。这些活动，使年轻的新量法师既熟悉了佛事仪轨，更锻炼了办事能力。

除佛七之外，每年的腊月初八，万佛阁还会按传统布施腊八粥。

腊月初八进行祝祭，本是中国民间岁时祭祀的一种，是为庆祝丰收，祈祷风调雨顺之意。佛教的腊八粥起源于佛陀受牧女乳糜供养的故事。中国佛教寺院于腊月初八那天施腊八粥，除了纪念佛陀成道，还包含了吉祥、和谐、健康、营养、结缘等意。正如了愚师公曾经对新量法师所说：“受人以粥，施人以饭，这既是因果，也是善缘。”佛教六度，布施为先。布施是践行大乘佛教菩萨行的重要法门，修行布施波罗蜜能够助行者破除悭贪、消弭我执、培养福德。了愚师公对佛法的虔诚信仰和对众生的慈悲愿力，深深影响了年轻的新量法师。

第二章

乱世慈航

光阴似箭，转眼间新量法师在万佛阁出家已有十余个年头了。经过了愚师公和又禅师父的悉心教养，新量法师慢慢地从一个稚童成长为具有慈悲之心、能自觉实践佛法的修行者。自受沙弥尼戒后，又经过二岁学戒，加受六法，这时了愚师公、又禅师父及全体尼众一致认为，新量法师一心向佛、好学自律，多年来对佛法的信仰和追求之心也越来越坚定，已经具备了受大戒的条件，可以成为一位真正的比丘尼了。

1938 年，新量法师十八岁，适逢镇江焦山定慧寺举办传授三坛大戒法会，又禅师父决定送她到定慧禅寺受具足戒。

焦山定慧禅寺，坐落在江苏镇江焦山南麓。相传汉代逸士焦光曾隐居于此，故得名焦山。据说定慧寺始建于东汉兴平年间，距今应有 1800 多年历史。定慧寺原名“普济寺”，或称“普济禅院”，元代称“焦山寺”。清康熙年间，康熙皇帝南巡至此，始改名为“定慧寺”，取“由戒生定，因定发慧”之意。明代全盛时，定慧寺有殿宇 98 间，僧众三千余人，是中国佛教历史上著名的古刹。

此次定慧寺授戒法会上，依德进戒和尚座下求受三坛大戒。

在戒会期间，新量法师品学兼优、发心殊胜，忏悔坛上担任沙弥首及领众维那，不愧为一百多位新戒子的榜样，堂上十师及众引礼师对新量法师十分赞赏和爱护。戒期圆满后，新量法师得清静戒体，成为如法的比丘尼，德进戒和尚亲自为其嘱咐开示，希望她受戒后要爱护常住、拥护僧团、严持戒律、精进修持、续佛慧命，荷担如来家业。新量法师依教奉行，依依不舍顶礼告别了德进戒和尚及堂上诸师，心中满怀法喜，返回了常住万佛阁。

焦山定慧寺

月
日
焦山定慧寺

新量法师（前二排左三）于中国佛教会江苏奉贤支会成立大会

受戒后，新量法师成为一个正式的比丘尼披上了袈裟。她举手投足间，日现持重端庄之气，深得信众敬爱。除每日早晚课和法会上领班诵经外，她还与大众一起出坡下田劳动。

农禅并重的精神与作风，贯穿于新量法师一生的修行之中。新量法师自幼就在万佛阁的农禅生活中得到熏陶和磨炼，锻炼出坚韧的心性与耐力；同时她更深地领悟到，一粥一饭来之不易，更需惜福培福。

中国佛教的农禅精神，在新量法师身上留下了深刻的印记，展现了她修道者的精神，成为她一生的宝贵财富，并成为后来的佛学院学僧们无尽的身教。

1937 年“七七事变”爆发，中国进入了全面抗战阶段。8 月 13 口，口军在上海挑起“八　三事变”，紧接着淞沪会战开始。11 月，上海沦陷。淞沪会战期间，口军从金山卫登陆，奉城遭到日军炮轰，顿时古城变成人间炼狱。其时，新量法师亲睹日寇侵略军的暴行。国运维艰，佛法蒙尘，万佛阁也未能幸免。炮弹落地爆炸时巨大的冲击波，将万佛阁东厢房的房梁折断，青瓦和尘土落了一地。奉贤城内的种种惨状，了愚师公痛心疾首。新量法师一边安慰了愚师公，一边安排法会诵经，为无辜遭难的众生念经超度。在日军占领奉城时，新量法师与万佛阁的法师们还曾向居住在附近的百姓分发阿弥陀佛画像，让大家张贴在大门上，希望可以通过此举减少日军对百姓的滋扰，为百姓分忧解难。

万佛阁法师旧影

日寇占领奉城后，城中充满着恐怖气氛。曾经平静安宁的小镇，如今人人自危、家家闭户，街市日见萧条。新量法师目睹日寇暴行，悲愤不已。时近年末的一个深夜，万佛阁诸众都已安歇，却被一阵急促的敲门声惊醒。新量法师披衣而起，来到前院，发现有四个荷枪实弹的日本兵站在堂前。通过翻译，才知道他们要求万佛阁尼众随他们去，为死去的日军士兵超度亡灵。经过片刻思量，她通过翻译向日军说明：佛法为广大平等法门，了无分别，可以为死去的日本兵做超度，但需事先做些准备工作，还应当为亡故者做好灵台牌位，然后才能诵经荐亡。至于超度的仪式，则应当在寺院里做，这是依照佛教仪轨。如果不按照这些仪轨去做，则佛事的效果不能保证，达不到超度的目的。日军听后觉得言之有理，他们也怕因违背佛教仪轨而惹恼佛菩萨，反而事与愿违，搞不好还会给自己带来灾祸，于是他们主动撤退，没有再为难新量法师和万佛阁的尼众们。新量法师凭着自己的智慧和胆识，帮助万佛阁摆脱了一次危机。

1943 年，新量法师二十四岁了。这一年她得了愚师公授记付法，接临济宗第四十八代法嗣。临济宗是唐代临济义玄禅师所开创的禅宗流派，以机锋凌厉、禅风峻烈闻名，有“临济棒喝”之称，是禅宗影响最大的流派之一。新量法师接此法脉，法喜充满。此际了愚、又禅两位比丘尼年事已高，了愚师公遂推举新量法师正式担任万佛阁住持，将万佛阁的全部管理责任托付给了她。

荷担如来家业，是每个释子肩头重任。昔时释迦佛祖在灵山会上，拈花示众，弟子迦叶尊者会心一笑，于是以心印心，心心相印。正法

眼藏得以传世。万佛阁亦是如来道场，新量法师因缘具足，亦得心印相传。她常思以慈悲为怀，践行与乐拔苦之愿，以种种方便与十方有情广结法缘。该年，新量法师即恭请时在圆明讲堂的雪相法师等当代大德到万佛阁讲经。以法布施，有如春雨，普泽大众，令有情众生慧命长养不息。乱世之际仍不失佛子本色，时刻记得弘法一方。

次年，万佛阁的农事风调雨顺，寺院十多亩棉花地获得空前丰收。考虑到万佛阁殿宇在战火中大有损毁，新量法师遂与众商议，要将收成所得尽数用于殿堂修缮，使在战火中损毁之三宝得以重兴。除了重兴佛刹之外，佛教的传播还有赖于经教的弘扬。因此，新量法师还为大众开讲《梵网经菩萨戒本》。这是大乘佛教菩萨戒律之一，由后秦鸠摩罗什法师于公元 401 年译于长安。此戒本主要是说卢舍佛初发心时常诵的一切大乘戒，即菩萨修行时应当守持的十重戒和四十八轻戒。此戒本译出后即受到佛教界之重视，鸠摩罗什的弟子僧肇法师称此其为："万法之玄宗，众经之要旨，大圣开物之真模，行者阶道之正路"。可见其对于一般居士和初发心菩萨修行入门的重要意义。新量法师讲经弘法即以此经为始，也是为适应信众修行的需要。

1945 年 8 月，日本投降，举国欢庆。奉城百姓亦欢欣鼓舞，万众祈祷。万佛阁尼众遂为战争中无辜遇难者举办超度法会，新量法师带领大众齐诵《地藏菩萨本愿经》《往生咒》等，祈愿世道太平和平降临，百姓安康，风调雨顺。万佛阁前香火再旺。

这时退居住持了愚师公已然年迈。对于新量法师来说，照顾好师公是头等大事。新量法师细心体谅老人日常需求，每日无论劳作如何辛苦，回来后必先去师公处嘘寒问暖。即使生活再困难，都要给师公熬一碗不加任何杂粮的大米粥；知道师公喜欢吃甜食，她有时在粥里拌上一勺砂糖，那时的砂糖很珍贵，也很难买到，新量法师会经常托人到各处捎带。无微不至的关心，让风烛残年的了愚师公感到分外温馨。

日本投降矣！

答覆四國接受規定條款

今晨七時四國首都同時正式宣布

日本答覆係昨晚提出

社評

注意善後救濟工作

昨日東京

人民日報

上海完全解放

蘇州河以北敵四萬人投降

高橋地區擊沉敵艦兩艘

陝中平原全部解放

電賀上海解放

1949 年 4 月，人民解放军浩荡过江，江南渐次解放。当时风闻国民党败退之际，欲炸毁奉贤海堤，一时奉城境内人心惶惶，还有人欲避难而想逃离奉城。在这种情况下，新量法师对诸尼众说：“现在外面传言风起，奉贤的劫难好像又要来了，不知是否能安然渡过。你们如果要走，可以随时走，我绝不阻拦，但我决意留下来。”万佛阁尼众与新量法师相伴多年，感情甚笃，大家相约一起留下，竟没有一人说要离开，这让新量法师感到欣慰。

不久，奉城解放，万众欢欣鼓舞。当解放军进驻奉城，新量法师眼看人民子弟兵乃威武正义之师，故亦曾带领常住为子弟兵编织草鞋。

第三章

锐志精诚

新中国刚成立，万象更新，国家进入和平发展时期。自此新量法师完全担起了万佛阁的管理重担，也有了足够的时间和精力来研习佛法。由于多年的动荡和散落，万佛阁的经文善本已有许多遭到损毁，为充实万佛阁法宝，新量法师不辞辛苦，到处寻觅经书。每当夜深人静，她便在昏暗的灯光下逐字逐句诵读佛经。沿袭早年的习惯，她还经常用毛笔抄写经书。抄写经书对于理解佛经的奥义有很大作用。

新量法师受过近代新式教育，那时的初小也算是具有一定的文化程度了，对一般文字的阅读和理解没有什么问题，但对于深度理解佛经中所包含的义理有时还是不够的，因此需要反复阅读、反复理解。抄写佛经，也是加深理解的一个途径。那时，新量法师每当完成常住的出坡后，便会独自一人在寺院里默默读诵、抄写经文，又在读诵抄写之中随文默记。日积月累，对经教义理也渐渐通晓。与此同时还成就了一手好书法。青灯古佛，自是经卷相伴，岁月静好，实因锐志精诚。

但是这样平静的日子并没有能一直持续下去。新中国成立后不久，各种运动一波接一波。佛法不离世间法，佛教与国家同命运，与世间相浮沉。依托古老农业文明发展起来的中国佛教，其传统的僧团结构与生活方式，也面临着整个社会的动荡与变化，特别是农村社会的组织结构、生产方式和生活方式变动的挑战。从 1958 年开始，宗教信仰自由的政策渐渐遭到破坏，佛教的宗教活动受到了很大限制。法器被损毁，庙产遭侵占，寺院房产被挪作他用，僧团活动受到限制，出家人有的被迫还俗，有的只得变装易服。一时间，万佛阁佛堂冷落，人心动荡。

越是艰难的境遇，越能锻炼人的意志，显示修行者的虔诚信仰。

“文化大革命”期间，万佛阁停止了一切宗教活动，宗教生活无法正常继续，佛事断歇，尼众们纷纷离散。新量法师和又禅师父则还坚持在万佛阁相依为命，在日趋凋敝的僧房内继续坚持修行。新量法师白天参加手工业社的劳动，晚上回来便在寺内悄悄诵经念佛。如此十来年如一日，道心日益坚固。礼佛诵经，持戒茹素，严净毗尼，守持着各项律仪。甚至密持法服器物，不暂离身，依旧坚持独身，闻者无不叹重之。她坚持《佛遗教经》中所说：“当持净戒，勿令毁缺。若人能持净戒，是则能有善法。若无净戒，诸善功德，皆不得生。是以当知，戒为第一安稳功德住处。”入菩萨道以持戒无漏为根本，视逆境为修行之资粮。在艰难的情况下，新量法师依然虔诚信仰，矢志不移。行世间事而修菩萨道，德行昭昭，无怨无悔，无论身处何种境遇，凡行止气度，四众无不景仰。

在逆境中，能够支撑她坚定信仰，坚持修行的，除了坚固的道心、虔诚的信仰之外，还有得以静下心来的念佛法门。近代中兴净土宗的印光大师曾言：念佛法门，唯以信、愿、行三法为其宗要。三法具足，决定往生。印光法

师还强调：念佛法门，乃律、教、禅、密诸宗之归宿，人、天、凡、圣成佛之捷径。一切法门无不从此法界流，一切行门无不还归此法界。印光法师一生教人念佛，还曾提倡十念记数的念佛方法，教人以数息观来念佛，对近代佛教发展影响尤甚。新量法师受时代与传统之影响，在艰难的境遇中坚持修习念佛法门，在逆境中得以锐志精诚，使道心越益坚固，此诚非偶然。一句佛号，看似简单，然需发大菩提心、具勇猛力，才能真正得利。新量法师终其一生，未将这一句佛号懈怠。在动荡的日子里，在生命中最艰难的时刻，她依然具菩萨之大悲心，发大愿力，执持一句弥陀圣号，昼夜不间断，正念相续，勇猛精进。正是心香一瓣，唯在佛子信念不变；严净毗尼，当下便是清净道场。

终于，十年动乱结束了。天空渐渐露出了曙光，新的时代即将来临。党的十一届三中全会后，实事求是的精神得到了恢复，改革开放的政策深入人心，国家进入了新的历史发展阶段。随着宗教信仰自由政策不断得到落实，佛教也迎来了复兴的机遇。

1979 年，年值花甲的新量法师也从工厂退休了。她依旧住在万佛阁，每天依然早晚功课不辍。每日清晨，她还是独自清扫着大街和万佛阁的庭院。但是，感受到时代的变化和历史的召唤，新量法师内心起伏不已。回想起万佛阁昔年的盛况，埋藏在内心深处的信仰和热情不可遏止地向外奔涌。人生坎坷、岁月蹉跎并未能磨灭她对佛教的信念。重兴万佛阁的愿望，终于有了实现的可能。

第四章

为教育贤

二十世纪八十年代初，宗教政策亦逐步落实。1984 年，百废待兴的上海佛教界恢复开放了第一所尼众寺院——慈修庵。在万佛阁坚持修习的新量法师被上海市佛教协会请到慈修庵担任僧职，重新开始她新的宗教生活。此刻，当新量法师重新披上袈裟时，已年逾六旬，是当时上海佛教界为数不多、硕果仅存的长老尼之一，年韶德高，四众景仰。

佛教的复兴关键在于僧才的培养。在多年冲击之下，中国佛教已经人才寥落，出现了青黄不接的现象。当务之急，正如当时的中国佛教协会会长赵朴初先生大声疾呼的那样："当前和今后相当时期内佛教工作最重要、最紧迫的事情，第一是培养人才，第二是培养人才，第三还是培养人才！"

上海佛教界一直重视僧教育，重视僧才的培养。民国初年，被尊为华严中兴之祖的月霞法师，就曾在上海哈同花园创办华严大学，成为近代上海佛教最著名的僧教育机构之一。此外，著名的爱国高僧圆瑛法师曾在圆明讲堂兴办楞严专宗学院、持松法师曾创办静安寺佛学院、震华法师在上海玉佛寺创办上海佛学院、兴慈法师在法藏寺创办法藏学院，等等。这些僧教育机构的出现，对近代上海佛教的发展产生了很大影响。

二十世纪八十年代，培养僧才的任务已经刻不容缓地摆在佛教界面前。经过一番酝酿，1983 年上海市佛教协会决定在玉佛寺恢复上海佛学院，由上海市佛教协会会长真禅法师任院长。翌年 9 月 8 日，上海佛学院决定开设尼众班。新开的上海佛学院尼众班，设在位于上海南市的慈修庵。慈修庵建于 1870 年，至今也有一百多年历史。这里原是一户黄姓人家的家庵，后扩建为尼众道场。民国初，这里曾遭火灾，后由来自广东的谛参法师募款重修，才使道场得以重兴。近代上海诸多高僧如兴慈法师、应慈法师等都曾到过慈修庵讲经说法。

21 11 '02

慈修庵于 1983 年开始重修，并逐渐恢复尼众修行活动，1984 年，观性法师入庵住持。观性法师，广东潮阳人，生于 1912 年，比新量法师长 9 岁。观性法师 12 岁即开始带发修行，29 岁时随师迁居镇江，到过新量法师受戒的定慧禅寺，后在上海白云庵正式剃度。多年来她一直精进修行，严持律仪，是上海佛教界一位德高望重、修行高深的比丘尼。她虔诚信仰，矢志不移，严守毗尼，每日诵经礼佛不辍。当慈修庵恢复宗教活动之时，她了解到远在万佛阁的新量法师多年来一直坚持道心，持戒修行，并且于梵呗法器等独有所长，便向上海市佛教协会提出，希望礼请新量法师来慈修庵担任维那师一职，协助自己管理慈修庵的日常寺务。

古代丛林，职事分明，维那一职，又称为纲维、知事、悦众等，为寺中三纲之一，在寺院中担当着重任，主要负责管理僧众日常事务以及佛事活动中的唱念、仪轨等。当代佛教寺院的维那，负责在举行法会、课诵时，担任众僧的先导，掌理举唱、回向等。这一执事对任职者个人修行的要求很高，需要德才兼备方可胜任。新量法师在艰难的岁月中仍然坚持进行早晚功课的修习，严持戒律，戒体圆满；她嗓音洪亮，梵腔悠扬，精通法器，佛事仪轨了然；且处事果敢有见地。观性法师相信新量法师完全有能力担当好维那一职。在观性法师的支持下，新量法师遍览典籍，根据以往记忆，为慈修庵尼众编订了一套包括尼众修学、早晚功课、讲经说法、佛事法会、文物庙产等内容丰富的寺院管理制度。将诸事安排得井然有序，并以身作则，严格遵守，为慈修庵尼众做出优秀表率。

培育僧材，培养佛教事业的接班人，这是新量法师后半生最重要的事情之一。佛学教育，贯穿她整个后半生。

新量法师深知“人能弘道，非道弘人”，故她在慈修庵担任维那师时，就特别重视对青年尼僧的培养与教育。她常就尼众的教育问题与观性法师交换意见，并一致认为：佛教人才的培养教育是佛教的命脉所系，佛法的恢复与延续，离不开大量优秀的青年僧才；让健在的老法师们为后学讲法、做开示的工作时不我待，佛教的人才建设工作亟需提上议事日程。

当上海佛学院决定在慈修庵设立尼众部时，新量法师受聘担任上海佛学院尼众部的监学。她清楚地认识到，佛法要代代相传，必须有人继承如来家业，并将之传给后代。这是佛陀留给佛子的重担，也是时代赋予佛子的使命。正是这样的一种愿力，才让新量法师勇于担负起续佛慧命的责任与使命，守护佛法明灯，让佛法在新时期重放光芒。

从 1984 年起，尼众班相继从各地招来几批学员，紧张狭小的慈修庵里容纳日益增多的尼众学员。万佛阁现任住持性康法师，就是在那时来到上海佛学院尼众部学习的。当时性康法师还年轻，性格开朗，到慈修庵不久就适应了尼众班的学习生活。由于慈修庵本是家庵，四合院结构，面积本来就不

当时还是学僧的性康法师与新量法师合影

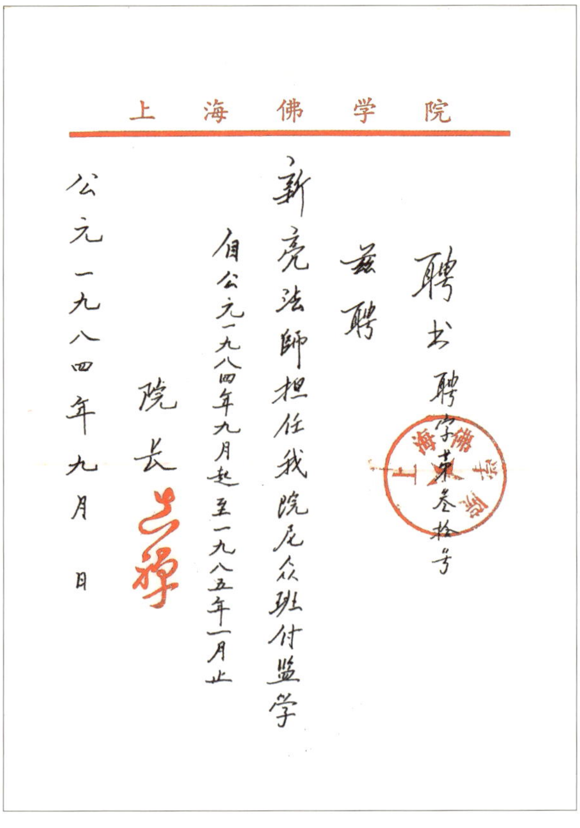

上海佛学院

聘书 聘字第叁拾号

兹聘

新亮法師担任我院尼众班付监学

自公元一九八四年九月起至一九八五年一月止

院长

公元一九八四年九月 日

上海佛学院聘用新量法师为尼众部监学

大。庵内除了常住外，一下子增加了几十个尼众班学员，因此僧寮就显得特别紧张。为此新量法师还曾安排性康法师在自己的房间里加铺暂住。性康法师切身感受到新量法师对青年学僧的关心和慈护，十分珍惜这殊胜的师生因缘。

学员报到后，大家同住一处，学习和生活在一起，依旧清净安详，秩序井然，这些都有赖新量法师制定的起居制度以及管理规章。学员们每日课业繁重，法师悉心为她们照料生活起居。年逾花甲的新量法师曾在暴雨倾盆时帮学僧收好晾在户外的衣物；在寒冷的冬天里行走在狭窄的小巷为生病的学僧买药，她无微不至地照顾这些来自各地、对上海的生活环境还不太适应的年轻尼众，如同慈母般全身心地呵护这些青年学僧，精心培育着佛教未来的希望。

地处老城厢的慈修庵在恢复之初，各种条件还很缺乏，尼众们生活还很清苦，特别是住宿问题更为突出。当时作为上海佛学院尼众班监学的新量法师，也只是住在学僧宿舍楼梯口的一个小房间。那个楼梯是学僧们上下楼的必经之路，由于是木结构的老建筑，每当有人走动，就会发出咯吱咯吱的响声。楼梯口还挂着个铃铛，每当寺院里有什么事，都会摇铃通知大家。于是频繁响起的叮叮当当铃声，和着楼梯发出的咯吱咯吱声响，严重地影响了老人家的休息，但新量法师却从来没有抱怨。

由于新量法师既是慈修庵维那师，又是佛学院尼众班监学，因此每天要承担很多寺务与教学任务，工作的繁重和辛劳可想而知。在尼众班任监学的生涯中，新量法师数年如一日，关心着每一位学僧。在她心目中，这些青年学僧都像自己的孩子一样，需要不断地呵护、护持，才能逐渐成长。

佛学院尼众班的学僧来自地北天南，其中还有刚出家就来求学的沙弥尼。对每一位初来乍到的学僧，新量法师都会去探望她们，嘘寒问暖，并鼓励她们好好学习。这些问候和鼓励很快便使初来的学僧放松了紧张的情绪。法师对学僧的关心无处不在，对学僧的身体情况、饮食习惯、住宿条件、穿着寒暖等无微不至，特别是当学僧中有人生病，老法师的关心更是体贴入微。

有一次，有位学僧半夜里身体突发不适，紧急送到医院抢救，新量法师带领学僧在大殿里诵经回向，祈求菩萨加持，祈祷那位学僧能够平安、顺利地治愈。一直诵到医院里来电说那位学僧已无大碍，法师才让大家先去安歇，而她则仍然继续在观世音菩萨面前祈祷很久。正是在法师慈护后学的精神感召下，众学僧敬意效仿，互相关爱之情油然而生，自然生起同体大悲的菩提心。

二十世纪八十年代，国家经济尚处于起步阶段，物质生活相对匮乏，僧人的生活条件亦很艰苦。那时慈修庵没有卫生设施，学僧沐浴需要各自打水，上卫生间都是用卫生桶。当时负责卫生工作的清洁工年纪也不小了，看上去略显佝偻。每天清晨她来慈修庵清理卫生桶时，新量法师总会主动上前相助，帮忙清理。

当时佛学院尼众班人多地方小，每次餐时都会排起长队。而新量法师每次总是站在最后，笑咪咪地看着学僧们，等她们都打好了饭她才上前。六年如一日，总是如此，从未例外。

1989 年，奉城万佛阁经当地政府批准开放，新量法师回到万佛阁，开始万佛阁的重建复兴事业。返回奉贤万佛阁后，新量法师把尼众教育视为和复兴道场同等重要的大事来抓，在恢复道场过程中，她仍想着僧才的培养。1998 年 6 月，当万佛阁刚刚建起一栋可以办学的楼房时，新量法师就决定创办万佛阁尼众培训

新量法师与历届学僧们合影留念

班。当年9月，万佛阁尼众培训班开班，法师默默地把由微薄的退休金积累起来的一万元钱捐助给了尼众班，闻者无不感动与敬佩。

万佛阁培训班每届两年，前后五届，培育出将近百名学僧。新量法师在繁忙的事务之外，还时常抽空给学僧们教授梵呗法器。当条件成熟时，万佛阁又开办了每期三年的尼众律学班，学习律藏三大部。

新量法师对学僧梵呗法器的传授，殷切之中又有严格的要求，在传授梵呗的教学过程中，她要求学僧们举腔要精准稳当，法器敲打必须合拍子，还不时检查学僧的学习进度与成果。法师的严苛要求，只是希望能为佛教界培养出真正有能力、能用功办道的人才，以成为复兴佛教的后续力量。

在万佛阁，新量法师虽然事务繁忙，但对后学的慈悲爱护一如既往，不曾少一分。她将自己所有的积蓄甚至是晚年的退休金全部都拿出来修道场、办学校，修建起适合修行的安居处，这是对后学最大的慈护。为了让青年学僧能有精进修行的场所，新量法师几乎把万佛阁最好的场地都留给了年轻的学僧们。所以，万佛阁刚刚建成的楼房首先用于办培训班，作为学僧的寮房、教室

新量法师与历届学僧们外出参访合影留念

和食堂，这栋见证新量法师兴学的教学楼，如今是万佛阁的会议室，而在当时则是万佛阁最好、最高级的建筑。学僧们在万佛阁学习过程中，无论大小事情，新量法师总是关怀有加。没有条件的创造条件，缺少因缘的创造因缘，为学僧的学习和生活提供最有力的保障。那时新量法师还为学僧们开设了计算机和外语课程，可见其眼光的前瞻和为培养僧才的不遗余力。培训班请教师排课也是劳心之事，更何况地处奉城镇的万佛阁，在当时交通与经济都不发达的情况下，更是困难重重。但万佛阁硬是克服了种种困难，坚持办学，培养了一批有才干的青年尼僧。

当万佛阁尼众班刚刚开始兴办之际，主张学院丛林化的办学理念，对尼众班学僧有着更高的要求。当时前来求学的大部分还是尚未受具足戒的沙弥尼或新戒比丘尼。新量法师要求沙弥尼首先要学好《沙弥尼十戒》，必须具足威仪，以为人天师范。她还告诫年轻的学僧们：必须学好威仪，并于行住坐卧中切实遵行；注重威仪即是自身修行的体现，更是维护僧宝形象的关键。

当学僧在万佛阁修学两年期满之际，对于希望进一步求学深造的学僧，新量法师仍给予支持，推荐她们到全国各地的知名佛学院继续深造。

除教学以外，新量法师在僧教育中还十分注重要求青年一代对佛教优良传统的继承。在万佛阁办尼众培训班时，法师要求学僧们必须轮流在大寮中劳作。她认为大寮的劳动可以磨砺心性、培植福田。古时丛林中大寮都是出祖师的地方，六祖慧能大师在受五祖弘忍大师印可前，就一直在大寮中充当净人。法师期望学僧能在劳动中磨砺心志、培养专注，砥砺修行，提高能力。其良苦用心，由此可见。

新量法师的点滴德行，不仅感动着受其教诲的学僧们，也深深地感动着和她一起办学的老师们。曾经有位老师对学僧说，她对新量法师怀有深深的敬意与感佩，她老人家的一举一动，令自己感触很深。就这样，新量法师以她精进的修行、慈悲的气度、对后学关爱和慈护的精神，以及生活中点点滴滴的细节，感动着身边亲近于她的每一个人。

生活中的新量法师是慈悲的，对学僧们的关怀无微不至，特别是对年轻勤快、又十分好学向上的学僧，她总是笑呵呵的，平素威严的脸上总是挂着慈祥的笑容。但在学习上，却严格要求，从不放松。

新量法师有着洪亮的嗓音和悠扬的

梵腔，在上海比丘尼中难得一见，因此在上海佛学院尼众班负责教授学僧们梵呗唱诵、法器掌持。

梵呗贯穿于僧人修行的日常行事中，举凡暮鼓晨钟、早晚课诵、时节法会，都要梵呗唱诵。它既是僧人熏习经教的方法，更是大乘佛教菩萨道修行的途径，借梵呗以供养、布施六道四圣一切佛菩萨与众生。所以一般出家人都从学习梵呗开始，逐步融入修道生活。梵呗之中，最关键的就是执掌法器。法器是龙天耳目，掌握各类法器的用法，并熟练地运用于日常修行和各类法会之中，是每个出家人都必须学习的基本功课。上海佛学院尼众班成立时，来学习的学僧对于法器与仪规基本上都不熟悉。新量法师就手把手地教她们敲铛子、引磬、鼓、木鱼、铪子等，一件一件手把手地教。不仅把各种口诀、敲打技巧传授清楚，还时时检查她们的学习情况，要求相当严格。

曾亲近新量法师十年之久的常明法师，至今还清楚地记得当时法师教她法器的情形。法师对她说：“引磬的高度，要跟嘴巴对齐，不能过高也不能过低，要竖直庄严，这叫对口引磬。木鱼要与胸口齐平，叫合掌木鱼。”有时候铛子太重了，学僧们想就那么挂在那里敲敲算了。新量法师发现后，就一边示范，一边以严肃的言语对学僧们说：“铛子要照面孔，不能超过头顶，也不能放在嘴边，这叫照面铛子。”对口引磬，合掌木鱼，照面铛子，平胸铪子，抱月手鼓……多么形象生动的解说，难怪学僧听了会很快牢记在心。新量法师就是这样耳提面命，从细小之处一点一滴地教导着学僧们。

新量法师从来不落下任何一个早课和晚课，所有早晚课时她都和学僧们一起参加，并观察学僧的修学程度。在进修佛事仪规方面，她也一直亲自带班。各种法会活动，无论是大型法会，或者是精进佛七，她都亲临到场，每天为大众开示。尤其是在大型法会，法师都会观察学僧们僧装是否整齐、站立时有没有站直、两手合十是不是做好了，等等。她仔细观察、留意许多细节，力求每一位学僧都能做到精准。

新量法师会随时因材施教学僧使用法器。她要求学僧们在做法事时必须严格遵循仪轨，在打法器同时也要诵经，诵经之后要绕佛，绕佛后要打坐静修，等等。老法师从容不迫、有条不紊的教学风格，不是通过严厉诃责，而是以自身的威严和耐心教导，直至学僧学会为止。曾经有位年轻学僧在诵《金刚经》时学敲木鱼，或许是因为初次在共修中执掌木鱼，心中不免紧张，双手开始颤抖。老法师看到后便对她说：“没关系，你敲，不用怕。你敲不下去我接着。”在法师的鼓励下，这位学僧紧张的情绪慢慢放松，渐渐地不再害怕。在放小蒙山时，因为要做手印，这位学僧手不太熟悉，心里紧张，身体又开始发抖。新量法师就在她身边手把手教她，直到她能够熟练掌握为止。

新量法师平时言语不多，她每次讲话，大多是教导学僧要勤奋学习、用功念经、认真干活、努力掌握好梵呗法器等，从来不讲与修行无关的话。作为佛学院的监学老师，身教胜过言教，学僧们的感触是最多最深的。

如今已经成为上海碧云净院住持的克莲法师，1984 年时也在上海佛学院尼众班学习。一次晚殿课诵中，新量法师让她学做维那掌理举唱。那时她唱腔还不成熟，或许法师知道她有些信心不足，便在其上晚殿时在外面听。

晚殿之后，她对克莲法师说：“你的磬敲得很好，但起腔应该好好练。”当时克莲法师刚刚插班过来，学习时间尚短，对唱诵梵呗和敲打法器还不甚熟练，因此新量法师常常对她进行有针对性的单独教学。在法师的激励下，年轻的学僧们在课后都勤奋练习，谁都不希望自己落后于人，拖班级后腿。当克莲法师和诸同窗追忆这些情景时，她们仿佛都看到了新量法师那殷切的目光在注视着她们，在不断地激励着她们。

第五章

古刹复兴

1989 年，奉城万佛阁经奉贤县人民政府批准恢复开放，新量法师被礼请为万佛阁住持，回万佛阁主持寺务。于是她辞别观性法师，离开生活了六年的慈修庵。离别时，新量法师向观性老法师辞行，此时新量法师已是古稀之年，而观性法师已是耄耋之年。对这位与自己志同道合，一同开创沪上尼众教育先河的同参道友的别离甚为不舍。但观性法师也深知，新量法师这次返回奉贤，是为了弘法利生，是为了佛教事业的兴盛和佛法的传播，这是她们的使命。两位德高望重的老人携手相送，互道珍重。

新量法师自慈修庵回到奉城北门时，已近傍晚时分。望着西下的夕阳中的万佛阁，她百感交集。世事变迁如白云苍狗，万佛阁曾经有过一度繁华，也有过兵燹颓落后的衰败；成住坏灭本无常，唯正法住世则法轮常转。

万佛阁是新量法师从小出家、生活和成长的地方。暌违六年，已是既熟悉又陌生了。这座有着六百多年历史的古刹，曾经栉风沐雨，几经兴衰，饱经沧桑。佛阁犹在，然而满目萧条，除了岁月风霜留下的痕迹之外，还曾遭受过日寇炮火的摧残。十年浩劫，佛像被毁，寺院被占，殿宇分割成二十几户居民住宅。眼看面前仅存旧屋数间，一片破旧不堪的景象，新量法师明白自己年事已高，要想恢复古刹昔日的庄严和清静，谈何容易？她深感肩头担子的沉重。但她明白，这是她的责任和使命，她必须在有生之年重新修复这座历史悠久、古朴雄伟、清净庄严的比丘尼道场，以续佛慧命，并不负大家的信任和希望。

面对百废待兴的局面，新量法师不乱于心，不困于境，她相信有政府支持、有信众护持，更相信三宝的力量。当新量法师已返回奉城万佛阁的消息传开

又禅法师（前排左四）、新量法师（前排左三）与信众合影留念

后，万佛阁当年的老人们逐渐聚拢而来。首先赶来的是失散多年的梅仙、龙海等年长一辈的比丘尼。她们与新量法师同辈，只是年纪略小。虽出离僧团，流落在外，但也像新量法师一样严守戒律。如今她们也已是风烛残年，然而仍自带衣被，来到万佛阁，决心与长老尼一起恢复正法，重振山门。到了夜晚，大家在地上摊平柴草，铺上被子，用竹竿把门撑好，就在简陋的房间里入睡。清早收拾稻草、打扫地面，照样早晚功课、诵经念佛。

佛陀云："诸法因缘生，诸法因缘灭。"佛法重因果，亦重因缘，因缘有善恶、有顺逆。器情世界由因缘具足而形成，世间百态由因缘际汇而呈现。万佛阁的重建与复兴，也离不开世间各种因缘，它需要政府主管部门的关心，也需要来自社会各方面的大德居士护持，这就是佛教所说的"善缘"。

重归万佛阁后，新量法师把原来大殿一角的住房腾出来，把小香案和佛像迁至大殿偏房，请了一尊更大更庄严的佛像。为了能让万佛阁香火接续，她们开始在狭小的佛堂里举办法会，以此缘起，延续万佛阁香火。令新量法师没有预料到的是，在没有四处通告法讯的情况下，先后竟有数百信众前来参加，有来叙旧的，有来敬香的，还有来捐资的。一时间打破了十余年的宁静，万佛阁从少人来往的城北一角变成了信众聚会的所在。面对此情此景，万佛阁的尼众们热泪盈眶。新量法师信心倍增，决心不负众望。

有了檀越的布施和信众的支持，使新量法师更加坚定了信力和愿力。她不顾年迈，经常奔波处理寺院重建的各项繁琐事务，用她坚强的愿心推动万佛阁的复兴，并走向新的历史阶段。终究使万佛阁枯木逢春，再现生机。

重新恢复修建万佛阁的工程，其难度和艰巨程度自然是不言而喻的。更不用说在此过程中还要进行部分民居的动迁，幸好有政府的支持，有信众的护持，更有老法师不懈的信愿，故而动迁工程虽然历经一波三折，但终得圆满。数年之后，万佛阁终于重现寺院基本初形，这是新量法师二十年来的夙愿。她的心从未离开过这里，对这里的一砖一瓦都寄托着她的浓厚感情。二十多年来，由于万佛阁曾经改作民居，许多房间格局发生了变化，加之年久失修，因此出现了各种问题。

老法师重新走进每一间房间，仔细打量、思索，或许万佛阁离重现昔日盛景还有一定时日，但老法师心中宏伟蓝图已经清晰地浮现出来，她要把这内心的愿景转化为现实。

这时，新量法师考虑：万佛阁房屋已过于破旧，应对原有建筑进行修缮和改建。随着人力物力的到位，万佛阁的改造、装修工程拉开帷幕。先是拆除几间濒临倒塌的厢房，接着按寺院原有布局重建，再对原有大殿建筑结构进行加固，并对山门进行修缮。在有限的经济条件下，法师尽可能让万佛阁看起来更加雄伟庄严。回想起“文化大革命”初期佛像被毁时的情景，那时她曾发愿，有一天定要为佛像再塑金身。这是她的宿愿，更是她的使命，如今愿望终于有可能得到实现。

新量法师在佛学院工作的几年，身边聚集了一批俗家弟子和居士信众。他们得悉法师返回奉城万佛阁后，纷纷前来奉城看望老人家。当时沪南公路尚在修建，从上海市区到奉贤的奉城镇，路途还十分遥远。当他们看到老法师发愿复兴万佛阁、重振道场时，大家齐心协力，发愿相助。信众们不仅力所能及地财力供养，而且还身体力行地参与到万佛阁重修活动中，用劳动来建设道场。慢慢地，寺院积累了部分善款。这时，老法师却经常提醒常住法师们，要慎用善款。

她常说：“爱护常住物，如护眼中珠。”她要求这些钱必须全部用在万佛阁

的建设上，专款专用，不得挪作它用。

尽管为修建寺院而募得了一些资金，但新量法师在生活方面则一分钱也舍不得多花。万佛阁民居清空后，新量法师和常住法师们搬进了稍微宽敞一些的房间，终于不必再睡在稻草铺就的地面上了。但这些房间多半是水泥地，有些还是老旧的方砖地，仅有两间铺着老式木地板。弟子们希望年事已高的法师住进有地板的房间，在潮湿的秋冬季节可以稍微舒适些。但是老法师执意不肯，她严肃地说：“道场待兴、弘法事业亦未成就，我岂能贪图享受？你们睡哪里我就睡哪里。”弟子们深受感动，也不再执拗，就依从新量法师的心愿。当时，有位亲近法师多年的居士来万佛阁敬香，临走时到法师房里问安，看到房间地面潮湿，恐怕影响她的健康，便欲发心出资，将房内地面铺上木地板。可老法师无论如何也不肯答应，她说：“你们的钱也来之不易，捐助万佛阁已经是阿弥陀佛了，怎么可以再烦扰你们。我命硬，这潮气伤不了我，你们大可放心。”

新量法师曾有一件灰色的夏季僧衣，原本是她在“文化大革命”期间穿过的衣

又禅法师（左三）、新量法师（左四）在查看老大殿的修复进度

服。恢复僧相之后，她把原来的服装裁剪改成僧衣。这件僧衣伴随着她多年，早已破了，但她没舍得抛弃，经过缝缝补补，依旧穿在身上。这件僧衣前后穿了整整七年。

法师一心一意致力于万佛阁恢复重建，不求个人的安逸舒适，这种精神深深打动着四众弟子，大家内心对法师愈发敬重。也正是这般嘉言懿行，感召了更多的护法居士前来护持三宝，供养寺院。有位香港的张居士，祖上为奉贤人氏，虽自幼在香港长大，但从小听老人讲奉城老家乡情，常听父辈讲起万佛阁与新量法师的故事。当他听到法师重返万佛阁发愿重建道场的消息后，专程从香港飞到上海，来见新量法师，希望可以出资为万佛阁重塑释迦牟尼和千手观音宝像金身，了却家人多年心愿。又有台湾林居士，在万佛阁修建初期的艰难之际，及时捐赠资金，对万佛阁的重建不啻是雪中送炭。诸如此类十方因缘不断点滴汇聚的事情不一而足。

令新量法师尤为欣喜的是：在她最需要的时候，性康法师于 1992 年追随恩师足迹来到万佛阁。性康法师祖籍浙江温州，家世奉佛，因此宿有慧根，自幼仰慕释教，常怀方外之志。稍长后即剃度出家，曾于山西五台山修学数年。1984 年上海佛学

性康法师陪同新量法师勘察寺院现场

院在慈修庵设尼众部时，性康法师正好途经上海。得知这一消息，深感法缘殊胜，遂报名参加尼众班学习。在慈修庵学习期间，得新量法师眷顾。老法师阅历丰富，道心纯厚，这令性康法师十分敬仰，发自内心敬佩法师的人格和学识。法师常向性康法师聊起许多往事和经历，性康法师听后深深感动和无比敬佩。

新量法师平日里话不多，一旦讲起万佛阁的往事，便滔滔不绝。因为恢复和振兴万佛阁的宏愿，法师从未忘却。性康法师原本打算毕业后重返五台山学修，但因受新量法师的精神感召，决定追随法师。性康法师来到万佛阁后，协助处理万佛阁寺务，并投身于修建万佛阁工程中。由于性康法师正值年富力强、精力充沛，很快便以她正直的人品、坚毅的精神和出众的才干，成为老法师的得力助手，渐渐成为万佛阁重建事业的实际执行者。

1994 年 3 月 29 日，对于万佛阁而言，是一个值得纪念的日子。

上海佛教界大德真禅长老、明旸长老及诸山长老、四众弟子等齐聚万佛阁，隆重举行了“万佛阁佛像开光暨新量法师升座仪式”。在这一天，新量法师身披袈裟，精神矍铄，她与诸山长老们稳步拾阶而上，信众们虔诚紧随在后，由真禅法师亲自为新量法师送座。

经过几年的修缮重建，万佛阁内外焕然一新，明黄外墙，宝像庄严，青烟袅袅，暮鼓晨钟，又恢复了历史上清净庄严的尼众道场景象。经历了百年沧桑和人间巨变的江南古刹，终于重放光华。

新量法师在万佛阁落成典礼上致辞

时任上海市佛教协会会长真禅长老亲自为新量法师送座

中国人民政治协商会议
奉贤县第八届委员会第一次会议

政协上海市奉贤区第二届委员会第一次会议
2003. 3. 23 ~ 27

赈灾爱心

奉贤区佛教协会第一次代表会议

第六章

巍巍佛阁

随着改革开放的深入发展，佛教积极融入社会，在四众弟子中影响也日益扩大。到了二十世纪九十年代末，经过初步维修的万佛阁，已经无法满足四众弟子宗教活动的需求。为弘扬佛法，使佛教在社会上发挥更大作用，临近耄耋之年的新量法师再次发下大愿，重新扩建万佛阁。

1998 年 9 月，酝酿筹备已久的万佛阁扩建计划，终于获得批准。

当时在上海佛教界的觉醒法师、照诚法师、荫远法师和诸山长老、政府各级领导以及社会各界人士、广大信众的见证下，万佛阁举行了隆重的万佛楼奠基仪式。

这时性康法师来万佛阁与长老尼已共住六年时间，师徒二人同甘共苦，志同道合，共发无上菩提大愿，长老尼对性康法师的虔诚信仰、办事能力、处事待人等各方面都非常满意，看到她一片赤诚、道心如铁、悲心深切、吃苦耐劳的精神和毅力，年近八旬的新量法师决定把万佛阁建设工程全部托付给弟子性康。

性康法师为了圆满完成恩师的心愿，发心接受恩师的殷切托付，放弃了自己再次上五台山等处深造学习的宝贵机会。从此全身心投入到万佛阁整体规划、设计申报、动迁民居、重建工程等工作中。

工程启动之初，万佛阁的老旧房屋已经拆除，性康法师为使一生辛劳的恩师安住，首先设计建造了藏经楼，安排侍者悉心照料。她自己也陪同师父住进藏经楼，以便亲近照料师父。每天工地结束后，回到师父身边，向师父汇报一天的工程情况，并请教师父下一步的工作进展。就这样二十年如一日，师徒俩朝夕相处，惺惺相惜，共同圆满了万佛阁的重建大愿。

性康法师为完成师父的心愿，把工程建的更如法，为此就读了上海交通大学经济与管理学院和同济大学建筑系课程。重建工程中，从建筑图纸规划，到细节方案的调整，从施工队伍的资质遴选，到建筑材料的价格预算，性康法师都亲力亲为，一一落实到位，可谓呕心沥血。

在修建万佛楼时，她曾先后奔赴西安、太原、北京等地，参阅世界级、国家级历史古迹、建筑遗产，带回许多古建筑的文字图片资料和书籍，为规划设计作参考。性康法师亲自规划万佛楼的设计，希望能完美地再现万佛胜景，经常研究各种文献史料至深夜。

在建造和施工中为了保证建筑的材质和节约资材，对大楼设计、进料验货、招工预算、施工监理、质量检测等一系列工程环节都严格把关。为建造殿堂选购大棵木材，她亲赴湖南深山老林，实地挑选采购。赴苏州等江南古镇，挑拣建设中拆除的亭台楼阁、雕刻木料及古旧器物等可用之细材，运回万佛阁，善加利用。

为节省人工成本，性康法师穿着工装，率全寺尼众在工地现场劳动。常常可以见到头戴安全帽的性康法师在工地上指导工人施工、搬砖头、卸物料。法师道友们被她的精神所感动，欢喜地送她一个“土木僧”的雅号。对这一称呼，性康法师欣然纳之。她说佛法高楼需要砖瓦修葺，万层宝塔需土木支撑，她愿做一块砖、一片瓦，支撑起这幢接纳无量众生朝礼、令人心驰神往的万佛金殿。以如此的大毅力、大苦行，作为对恩师和三宝最好的供养。这一路走来，艰辛不已的心路历程，如人饮水，冷暖自知。这份甘苦唯有性康法师内心自知。

2003 年秋，万佛楼终于重显光辉。耸立于奉城古城河边的万佛楼拔地而起，巍峨挺立。扩建后的万佛楼一层为三圣殿，供奉着由楠木精工雕成的西方三圣像。二层是禅净坛；三层为万佛堂，堂中央供奉一尊高大的毗卢遮那佛像，头戴毗卢冠，双手结毗卢印，双脚结跏，高高端坐于千叶宝莲台之上。万佛堂四壁金碧辉煌的千百亿化身金佛及菩萨圣像，褶褶生辉，无比庄严殊胜，凡前来朝礼者观此胜景，

皆无量法喜。距今已有六百多年历史的万佛阁，成为荣耀法界，名符其实的“万佛之阁”。

万佛楼扩建竣工后，紧接着启动大雄宝殿的重建工程。在佛教寺院中，大雄宝殿是寺院建筑的中心，是供奉本师释迦牟尼佛的主殿。2009 年，当新量老法师九十诞辰之际，同时举行了大雄宝殿上梁典礼。经历四年精心设计和建设，一座精美绝伦、雕梁画栋的殿堂矗立在万佛阁的中轴线上。

性康法师经常陪同年近九十高龄的恩师，在万佛阁建筑现场、楼阁回廊上，俯瞰寺院，眼见万佛楼巍峨壮观，大雄宝殿竣工在即的景象，长老尼欣慰不已。万佛阁整体建筑完成，建筑精美、道场庄严，长老尼心目中的“万佛梦”终于实现，感到十分欣慰和欢愉。

2013 年，巍峨的大雄宝殿竣工开放。大雄宝殿的建筑有其独特的风格，其螺旋式木雕藻井、悬空壁画、飞天献供，烘托起超凡脱俗、宏伟庄严的佛殿，置身其境，顿生超凡入圣之感。大雄宝殿前廊八根高大的透雕青石柱，象征着天龙八部护持正法，大殿中央供奉释迦牟尼佛和十大尊者圣像，及千手观音、文殊、普贤三大菩萨的高大立像。大殿的左右两壁，镶嵌着四副金丝柚木的浮雕壁画，生动精致，介绍了佛教历史上佛弟子四次结集经典的场景。

每当晨钟暮鼓响起的时刻，庄严的万佛阁在灯光的衬托下，更是别有一番胜景。

经过十多年的艰苦努力，性康法师先后设计建造了万佛楼、大雄宝殿、天王殿、钟鼓楼、藏经楼、东西厢房等整体建筑。

藏经楼内供奉着十多种版本的大藏经，有永乐北藏、洪武南藏、乾隆藏、高丽藏、频伽藏、佛光大藏经、大正藏、续藏经等。藏经楼里还珍藏着新量老法师血书的《金刚经》和性康法师血书的《妙法莲华经》。

性康法师与两序大众十分敬仰、爱戴为佛教奉献一生的新量老法师，感恩她毕生为万佛阁、为佛教事业弘法利生作出的无私奉献，不愧为人天师表。

同时，性康法师始终感恩师父的信任与托付，给自己修建寺院的殊胜机会，在此过程中锻炼意志，培养福报，学到许多建筑知识，积累了丰富的经验。

第七章

福寿绵延

在中国传统文化中，九十岁高龄称为“鲐背之年”，被视为人中祥瑞。如果没有毕生功德累积，得此善果实属不易。2009 年 10 月 6 日（农历八月十八），是新量老法师的九十华诞。与此同时，万佛阁大雄宝殿重建工程也顺利进展。为庆贺这一双喜临门的大事，老法师的弟子们和居士大众筹划着举办一次庆典法会。

新量老法师日常生活一向俭朴，反对铺张，不愿大家为自己祝寿而大费周章。于是弟子们根据老法师的意愿，于九十寿诞为新量老法师举行一堂精

进佛七，专念弥陀圣号。其间每日下午有法师讲经开示，佛七圆满日举行了放生仪式，在法会期间，信徒们供养的寿诞贺礼金三万元，依新量老法师意愿全部捐助给学校贫困学生，做为助学帮困的善款。精进佛七是法师领众共修、克期取证的重要的修行方法，所以每年都会举办多期精进佛七。

此次佛七圆满日的当天，同时举行了大雄宝殿上梁仪式，参加法会的信众们无量法喜，将念佛功德回向，祈祷世界和平、息灾免难，祈愿新量老法师长久驻世、法音广布、普益群生，祈愿檀越护法信众福德善根增长、吉祥安康。

新量老法师时值九十高龄，身体康健，视听敏锐，这证明了长老一生精进修持、严持毗尼的善果。

新量法师在挥毫

晚年的新量老法师生活简朴，言语不多，一心虔诚念佛。有时敲着小木鱼陪同弟子一起念佛，有时独自打坐静念，有时绕佛默念，坚持圣号不间断，经过常年实修，老法师念佛功夫打成一片。打得念头死，显得法身佛。所以能够临终预知时至，显现自在安详往生的瑞相，以此鼓励着弟子及后学们修行念佛的信心和力量。

新量老法师喜爱书法，练习书法成为法师修习佛法的一部分，书法与佛法，在老法师身上完整地融和一体。老法师说书写可以排除杂念、调和身心；书写可以健康养身、静意禅定；书写可以深入经藏、慧解教

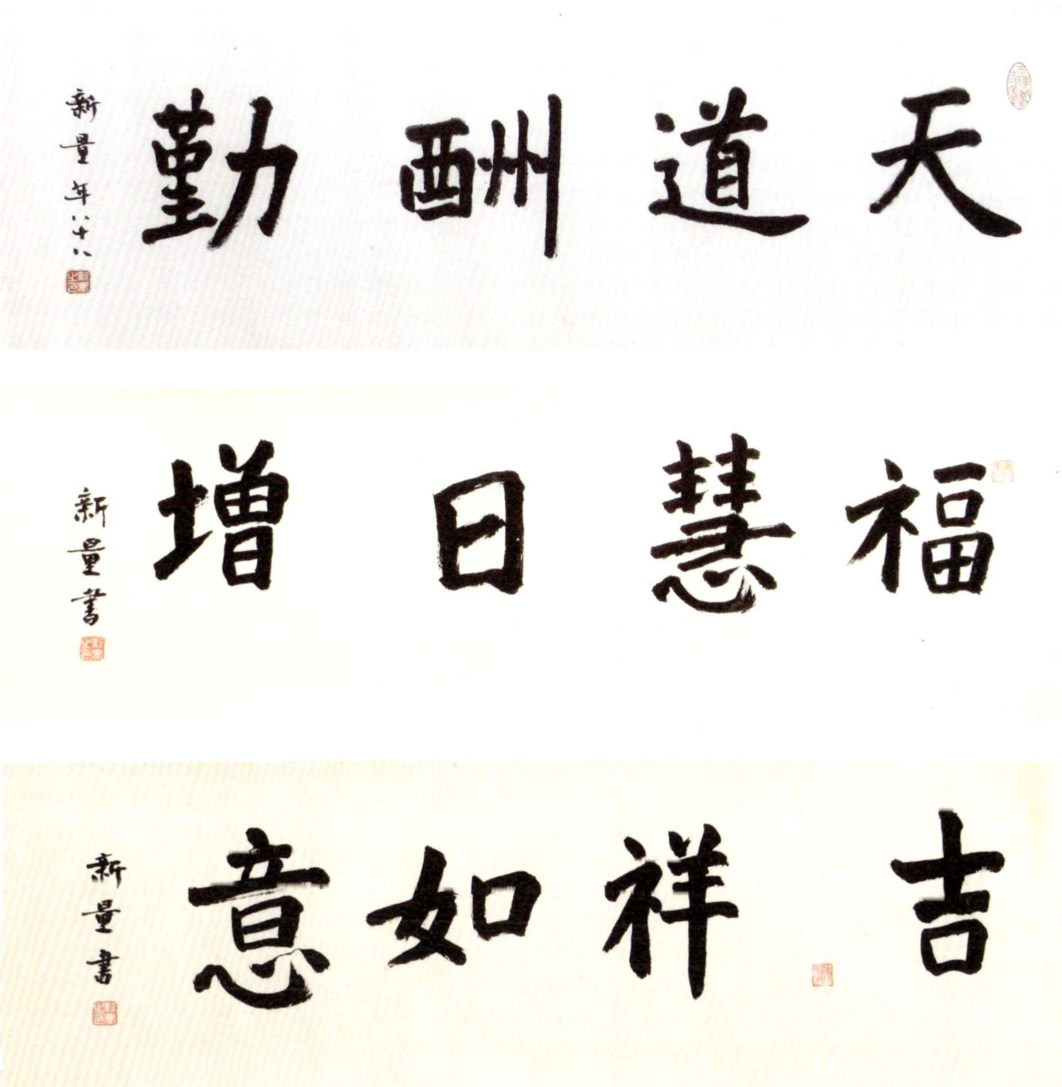

新量法师书法作品

义。故书法和抄写经书成为她经不离口、笔不离手的生活习惯，并贯穿一生。在缺少经书的年代，她爱惜经书比自己生命还重要，有时看到一本经书，就无比欢喜，连夜抄写，所以在书房里留下了许多她亲自抄写的经书。由此新量老法师也练就了一手隽秀的书法，许多弟子都有她的墨宝，万佛阁也保留有一部分老法师的墨宝，作为寺院永久的珍藏。

新量法师在挥毫

新量法师书法作品

新量法师在挥毫

新量法师书法作品

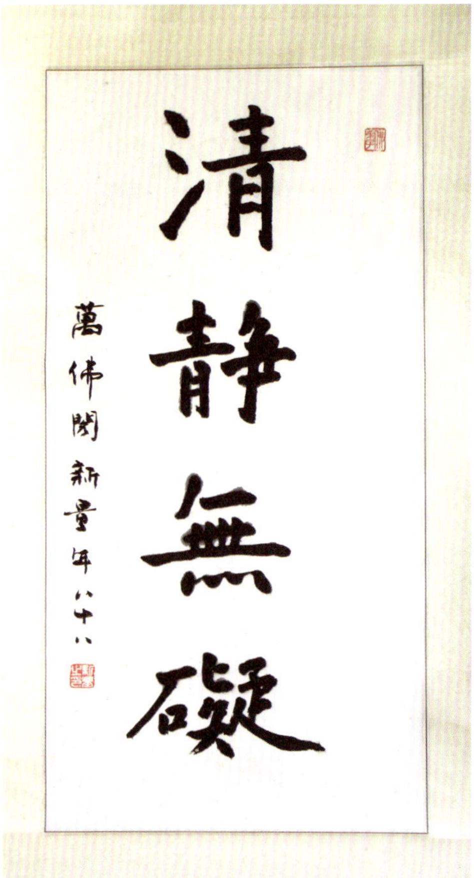

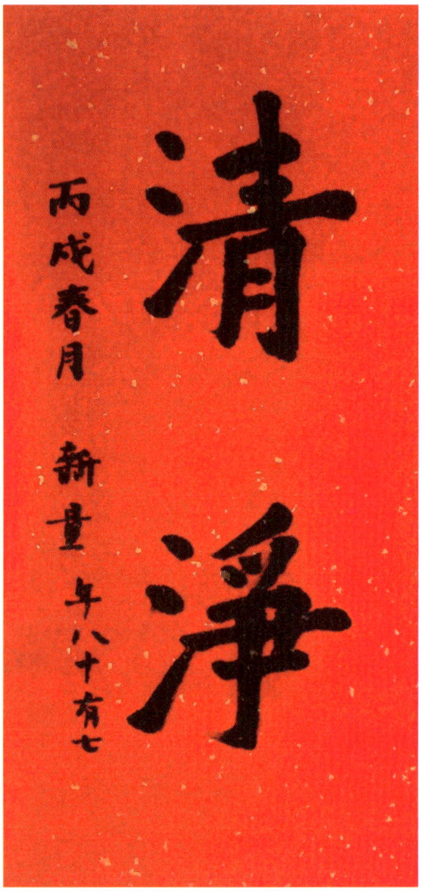

新量法师书法作品

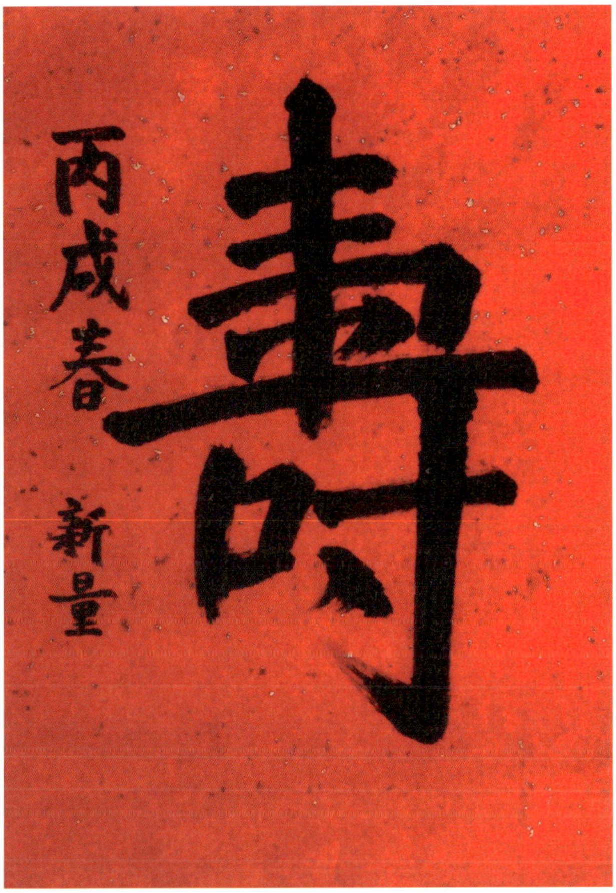

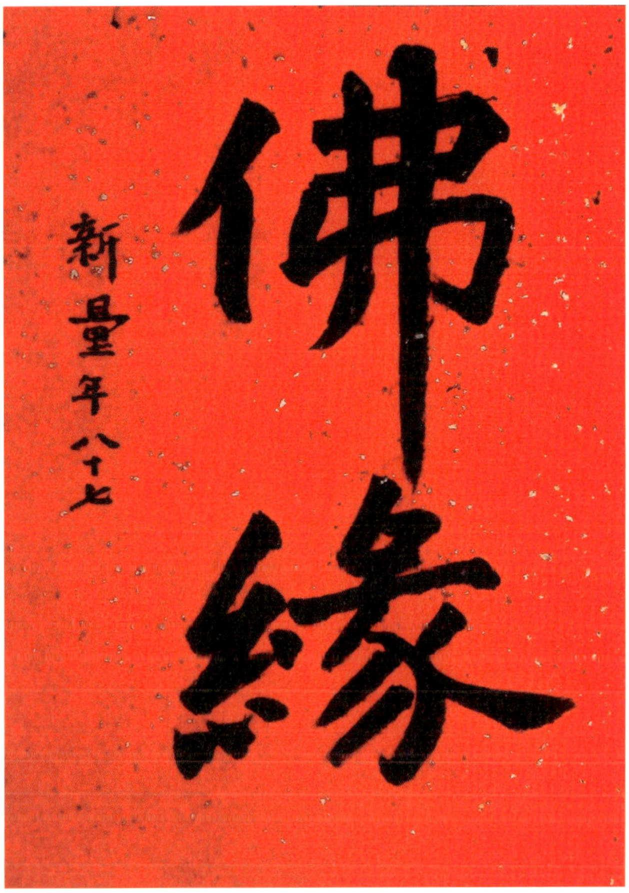

新量法师书法作品

第八章

愿海心灯

2015 年 8 月 14 日（佛历 2559 年、农历乙未年七月初一）0 时 55 分，万佛阁内灯火通明，金炉香冷，钟磬无声，一代大德新量老法师，在完成平生夙愿后安详示寂，世寿 96 岁，僧腊 91 年，戒腊 76，夏腊 48。

新量老法师往生瑞相极为殊胜。老法师舍报前，于禅床跏趺而坐，神态安详清明，微笑环视近侍弟子，性康法师恳切地对恩师祈请道："师父，您放心吧！弟子们都在身边。如果您要往生，听着佛号，您记着跟阿弥陀佛走！"随后老法师微微闭上眼睛，安详舍报。在众弟子为老法师助念的第五日凌晨，正在伏案工作的性康法师突然闻到一股异香，起初是淡淡地飘然而至，随后逐渐充满整个房间，持续很久方渐渐散去，正可谓"异香满室"。在尼众及善信居士们虔诚念佛声中，老法师面部慈祥，结跏趺座，七昼夜如入深定，如如不动。

新量老法师舍报后，肢体柔软，肤色洁白，相貌如生，体生异香。法体荼毗后，留下绿、粉等七彩舍利子和舍利花。其中在法师顶骨舍利上，有一圈如同字母的印迹，见者均言不可思议。种种瑞象，无疑是老法师一生精进修持、功德圆满的殊胜象征。

老法师示寂消息传来，上海佛教界四众弟子无不深感哀恸。8 月 20 日，"新量法师追思法会暨告别仪式"在万佛阁三圣殿隆重举行。

告别仪式的悼词中说：新量法师的一生是潜心修持、弘法利生的一生，她将毕生精力奉献给了佛教事业，是上海佛教四众弟子的楷模，上海佛教四

追思法会现场

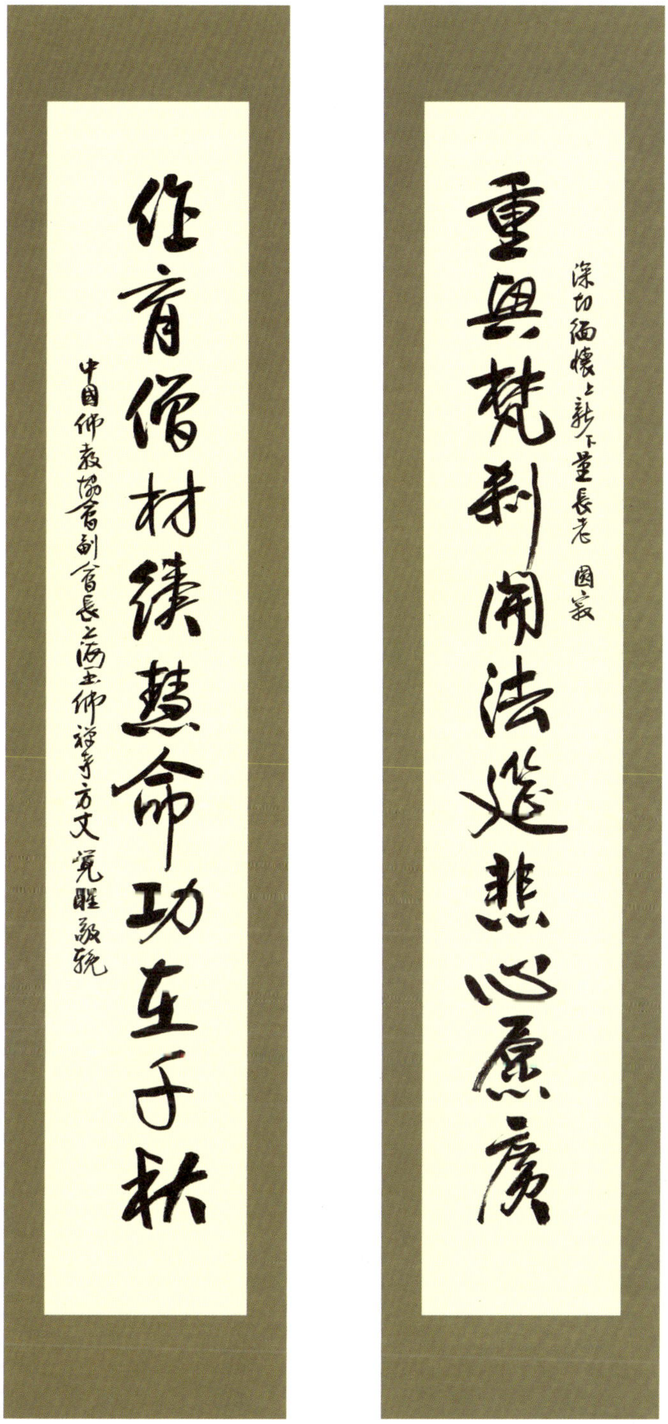

中国佛教协会副会长觉醒法师敬挽

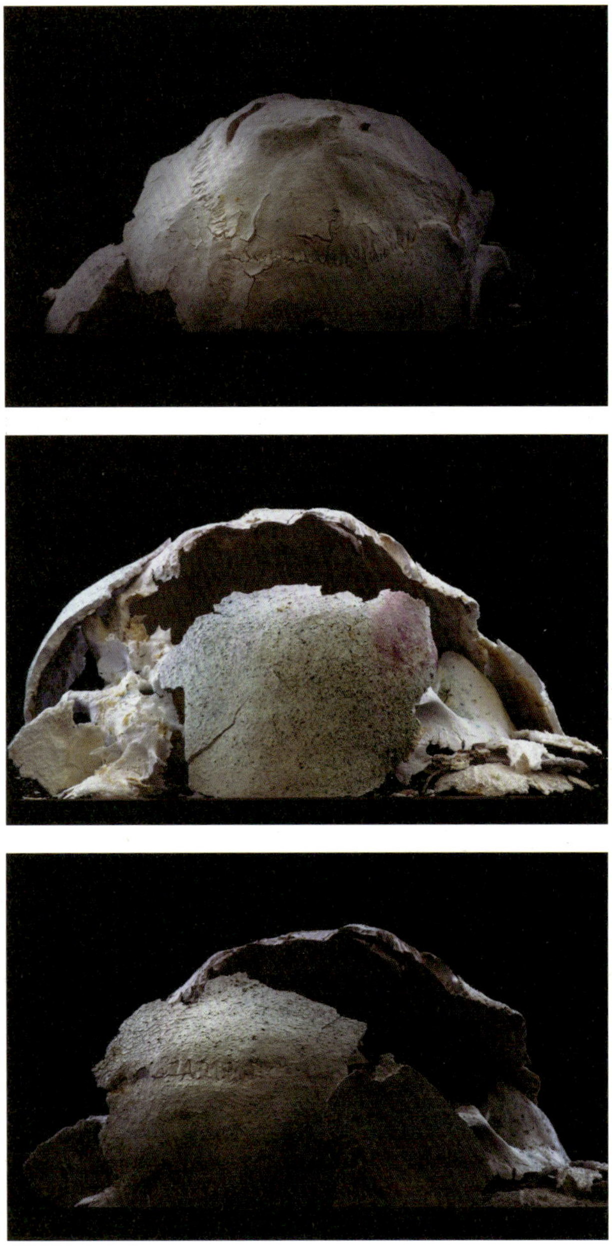

新量法师荼毗后所得舍利

深切悼念 新量法师圆寂追思法会

深切悼念 新量法师圆寂追思法会

众弟子祈愿新量老法师莲登九品极乐，乘愿再来，普度众生。

新量老法师的一生，经历风霜雨雪96载，道风严谨，严持毗尼，精进修行，遇万难而不改初心，以慈悲之心爱国、护教、福荫后辈、弘扬净土法门及人间佛教理念，当为佛教界后学弟子学修的楷模与典范。四众弟子以万分崇敬的心情，愿祈老法师不违安养，还入娑婆，乘愿再来，广度有情！

新量老法师的一生，没有留下几许著作，也不曾为自己铭碑立传，然而老法师的一生都在实践着禅净双修法门，一举一动、一言一语，皆不离佛陀本怀，真正践行了"平常心是道"的精神。老法师对佛法坚定的信仰、身体力行地实践农禅家风、对弘法利生的矢志坚持，这一切在弟子眼中都是无尽的身教！

新量老法师的一生，都是在佛法大海之中、在修学与弘法利生中度过的。

纵观新量老法师奉献佛教的一生，有三点最突出的品质：

是锐志精诚、精进修行，即使在万佛阁被迫停止宗教活动的情况下，她白天随众劳动，早晚不辍修持，数十年如一日，人生坎坷、岁月蹉跎并未能磨灭她对佛教的信念。

二是持律严谨、戒行清净，她一生坚持念佛诵经，素食独身，守持毗尼，无论是顺境逆境，并未能动摇其佛子本色。

三是慈悲的情怀与爱国爱教的精神。新量老法师一生热爱并积极投入公益活动，经常捐款救助各地遭遇自然灾害的民众。特别是在汶川大地震后，新量老法师与万佛阁尼众一起拿出自己的积蓄支援地震灾区，并举行法会为祖国和同胞祈福。万佛阁重建后，新量老法师年年都坚持资助偏远山区的贫困学生，还年年捐款给区红十字会举办的“蓝天下的挚爱”活动。每当祖国遭遇灾难、同胞蒙受痛苦时，老法师不仅自己会积极参与爱心捐助，还会发动万佛阁尼众们一起参与。此外，她还在万佛阁每月定期举办放生护生、健康讲座等活动。每年还要举办大型义诊活动，等等。这一切都体现了新量老法师济世利生的慈悲精神。落实宗教政策、恢复宗教活动之后，新量老法师的主要精力是放在培养青年学僧以及复兴万佛阁的事业上，这是她后半生最重要的两件大事。

如今，这些学有所成的僧才，已经分布各地。新量老法师培养僧才的愿力，已经硕果累累。如上海地区第一届学僧中的定慧法师，如今是上海市佛教协会副会长、上海尼众名刹沉香阁住持；性康法师是上海市佛教协会副会长、奉贤万佛阁住持；常济法师是昔日上海佛学院尼众班所在地慈修庵住持；克莲法师为碧云净院住持；信弘法师为龙音寺住持。也有学僧效法古贤，弘法海外、远赴西洋，如第一届学僧常宽、显意两位法师，如今远在美国梵音寺弘法；还有更多弟子堪为上海佛教尼众界中坚力量。

她们主持各自的道场，弘法一方的时候，想起当年新量法师对她们的严格要求和谆谆教导，感念至深。她们更能体会到老法师兴办僧教育之不易，也更加钦佩老法师能在那种艰苦条件下，坚持培育僧才的远见卓识。她们铭记新量老法师的教诲，不忘佛恩，不改初衷，继承祖师的无尽愿海，灯灯相续。

下编

万佛重辉

万佛阁始建于元明之际，原为一乡间小庵，明以后逐步发展，形成一个颇具规模的寺院。历史上万佛阁曾经多次修葺，特别是清乾隆年间由当时住持法师永修，率弟子德静，以及德静的师兄意真、徒弟邃山等，经过三代人二十多年的修建，终于使万佛阁成为“金碧辉映，焕然一新”的著名寺院。民国初年，当时的住持法师福缘又主持了一次规模较大的修缮，重修并扩建了万佛阁殿宇，先后购置了田产，使万佛阁“高踞雉堞，独于名胜之区”。基本奠定了万佛阁的基础和格局。

万佛阁的发展历史上也曾遭遇过年久失修和兵火焚毁的灾难。直至二十世纪末，在国家经济迅速发展，社会相对平和稳定，宗教信仰自由政策稳步落实的情况下，万佛阁才迎来了新的发展机遇。从二十世纪八十年代末，万佛阁开始开放并陆续修建。三十多年来，经过新量法师和现任当家性康法师两代人的不懈努力，如今的万佛阁，已是上海著名的尼众道场。楼阁并立，殿宇巍峨，建筑精美，道场庄严，不仅重显昔日的万佛胜景，而且雄姿更胜于前。万佛阁的发展欣欣向荣，万佛阁的未来必会续佛慧命，道法绵延，佛日增辉，普照一方。

第一章

古刹沧桑

横亘东西的浦南运河，像慈祥母亲的臂弯，牢牢守护着万佛阁，日夜不息的水声如同一首古老的歌谣，传唱着万佛阁数百年的沧桑变化。

万佛阁原为松江府华亭县属下青墩地区一所乡间小庵。早年这里曾是海边的一片高地。据传，每当海寇来犯，人们就在墩上举火为号，所以得名青墩，也叫墩明。宋神宗元丰元年（1078 年）在这里设立盐场，种植了大量防风林，因此改称青林。南宋乾道八年（1172 年），此处又修筑护塘，盐民、渔民落地生根，居住在此，形成了村落，称为青村。明洪武十九年（1368 年），信国公汤和奉命在此督造青村堡抵御倭寇，并设置守御千户青村所。

从唐宋元明至清雍正年，此地均属松江府华亭县境。城门外修建于宋代的捍海塘，逐渐形成一条高于四周的堤坝，最后成为一条官道，人烟日渐稠密，而华亭县鞭长莫及，难以管理。清雍正二年（1724 年），两江总督查弼纳以县大难治，奏请朝廷将华亭县东南的白沙乡和云间乡分出来独立置县；雍正四年（1726 年）正式置奉贤县，隶属松江府。首任知县张荫圻，县署最初设在南桥，雍正九年（1731 年）迁到青村所城，从此青村所城被奉贤县城一名代替。

奉贤得名，历史上向有两说：一说以清代黄之隽为代表，认为“奉贤者，泾之一也。华亭既分，遂以名”（清黄之隽《浚青城濠记》）。一说以清乾隆《奉贤县志》编纂者为代表，认为“奉贤者，以其地有奉贤街，相传子游曾至其地，故以为名”。虽然至今对这两种说法持怀疑者甚众，但“敬奉贤人，见贤思齐”已然成为此地一份宝贵的精神财富。

奉贤地区佛教一直十分兴盛。早在唐代，柘林镇已建有方广教寺，即蔡侍郎功德院。根据方志记载，院中的石幢至明正德年间依然存在。相传在今天的乾隆年间所立的修建万佛阁石碑，如今完好保存于万佛阁。

图为石碑碑头，碑头正中为篆书“重建万佛阁碑记”。碑头左右雕刻有仙鹤图案，仙鹤口衔树枝，树枝上有饱满果实，仙鹤头颈弯曲回望，立于山石之上，姿态优美，寓意吉祥。

图为石碑正文，碑文标题为“修建万佛阁碑记”，作者李大源，碑文记述了自清乾隆二十二年（1757年）至乾隆四十一年（1776年）前后近二十年间，三代住持法师前赴后继持续修建万佛阁的因缘经历。

胡桥乡境内，曾有唐代修建的佛塔。五代后晋天福五年（940年），在南桥镇建造明行教寺，吴越王钱镠时易名安和院。其后寺庙陆续增多，至光绪年间县境有庙庵76座。其中晚唐五代1座，宋代建於塔寺、圆通寺、崇福寺、友梅讲院等8座，元代建资福寺等2座，明代建万佛阁、清白堂禅院等16座，清代建圣果寺、漳泉寺、灵芝庵等15座，未明建造朝代者34座。出现过如卧龙禅院行勇、南桥莲峰禅院静存、普陀山僧广海等高僧大德。至二十世纪三十年代抗战爆发前夕，全县有寺庙111座，僧尼199人，信徒862人。

关于万佛阁的来历，有民间传说云：元末本地有一王姓富家千金，因父母嫌贫爱富，无法与心上人结为夫妇，遂借赶集的时候，乘船来到松江府一座小庵内削发为尼。王父无奈，出银百两，在城中高地修建尼庵，迎接女儿还乡。嗣后，小庵声名远播，香火不断。后有尼师道静者云游至此，驻寺再扩建，取名“万佛阁”，渐成东南著名的法师道场。明信国公汤和奉命筑城时，据传城墙工程在北门合龙时，城砖总是砌不严实，北门城楼竟至垮塌。当地百姓认为，处在奉城中轴线最北端的万佛阁，可俯瞰全城风貌，北枕护城河，东有“真武庙”，西接“仙人潭”，南连“太平桥”，是城根龙脉所在。汤和遂将佛阁重建在北门月城湾内，作为城墙的一部分围在城内，北门才得以顺利修成。故民间有“先有万佛阁，后有奉城镇”的说法。

清乾隆二十二年（1757 年），万佛阁殿阁因年久失修，略显颓势。“殿阁岁久，云蒸木腐，将有倾压之虞”。这时已经在万佛阁清修三十余年的住持法师永修，率领徒弟德静等，决心重修万佛阁大殿、万年台、后法堂楼阁等。但还未及竣工，永修师徒相继圆寂。当时德静的徒弟邃山尚年幼，于是德静去世前，特地托人将其师兄意真请来续任住持，并让邃山再拜意真为师，继续万佛阁的修建工程。

这次万佛阁的重修工程，从乾隆二十二年（1757 年）至乾隆四十一年（1776 年），历时二十年，历经三代方才完工。重建后的万佛阁“金碧辉映，焕然一新，四方来游者，无不憩焉”。

在清乾隆四十一年（1776 年）李大源《修建万佛阁碑记》中记载，当时的万佛阁已经具备了相当的规模，成为当地颇有影响的佛教道场。再加上万佛阁建于奉

下图为万佛阁内古城墙进行修缮时现场保留下来的两块古青砖

砖刻铭文：官登五品

砖刻铭文：（横）第四段；（左）青浦县知县杨师震承修；（右）长五丈六尺高三尺五寸

城北门的月城湾内，寺院与城墙和城门连为一体，寺院本身位于奉城的中轴线上，北面紧依护城河，“环垣踞堞，面山枕流”，水陆交通十分方便，成为当地梵刹之冠。

至民国初年，万佛阁又经历一次修葺。这次修建是由当时万佛阁住持福缘法师主持。早在清道光、咸丰年间（1821 年～1861 年），有尼师潜修者主持万佛阁。潜修在万佛阁清修数十年，后年迈，将其衣钵传于其徒福缘。福缘原出家于新场镇（古称石笋里）北山寺，后由潜修收其为徒，并将其带至奉城万佛阁。清光绪八年（1882 年）潜修圆寂，福缘继任为住持。福缘在万佛阁静悟真修，感动四方檀越，因此相率布施。位于北门月城之上的万佛阁，虽然“历劫独存”，未致岌岌可危，但禅房、佛堂亦时常漏雨，大殿飞檐凋零掉落，住持福缘法师居住的西厢房也已倾颓。于是福缘就考虑要重修万佛阁，希望能恢复旧日风貌，足壮观瞻，并使寺院规模得到扩大。

1917 年夏，福缘即与本地士绅和有识之士，商量重修万佛阁之事。在时任肇文学堂堂长王渭的带领下，着手募集资金，以期修缮万佛阁。

王渭，为奉贤本地望族，也是虔诚的佛教徒，与万佛阁住持福缘法师交往甚笃。他借助自己的声望，为修缮万佛阁以及城内多处古建筑募集资金。福缘还请得擅长泥塑的廖关海主持万佛阁的修缮工作。在整修万佛阁大殿的大梁过程中，发现乾隆年间放置其间的玉佛，消息传出，远近百姓争先赶来顶礼膜拜，瞻仰玉佛宝相，使得万佛阁再度成为众生景仰的净地。此次整修，福缘指定工匠在佛堂侧室绘制一幅“经变图”，讲述佛陀生平传法故事以及佛教典故。这幅画布满西墙，南北长两进，上下宽两尺，色彩斑斓，“以画代像”绘制了万尊佛陀宝相，以应万佛阁之名。修建期间，当地百姓闻之纷纷来到万佛阁做义工，尽己之力，无私奉献。

福缘法师罄其四十余年所积之香资，加上四方檀越所募集资金，在耗资万金，历时两年之后，终于在 1919 年完成万佛阁的修缮工作。重修后的万佛阁依城傍水，布局奇巧。建造在古城墙上的法堂楼阁，别具一格，大殿的套色梁木结构，衔接缜密，浑然一体，堪称一绝。“凡建大殿三楹，比接东西禅室各二楹。其右侧为西方殿，中奉接引准提慈航三圣，旁列十八罗汉，皆以旧时所供，重换金装。”还有廖关海亲手雕塑的各种佛像，千姿百态，别开生面，既惟妙惟肖，又不失宝相庄严。

在福缘法师住持万佛阁期间，不仅重修并扩建了万佛阁殿宇，使万佛阁“高踞雉堞，独于名胜之区。号为精蓝巨刹者，无稍让登斯阁也”。

第二章

万佛胜景

新中国成立后，国家对宗教活动给予大力支持，在较长一段时间内，万佛阁尚能维持正常活动。但自二十世纪五十年代后期开始，宗教政策渐渐遭到破坏，万佛阁的正常活动也遭遇挫折。尤其十年动乱期间，万佛阁房屋被占用，佛事活动被迫停止。直到二十世纪七十年代末动乱结束后，国家百废待兴，宗教信仰自由的政策也得到了贯彻落实，佛教因此迎来了发展的大好机遇。

1989 年初，奉贤县人民政府在斟酌重新开放第一批佛教寺院的过程中，有关单位经过几番考证和现场勘查，最终统一意见，把万佛阁作为第一批先期试点开放的寺院。

选择万佛阁的原因，首先是因为万佛阁殿宇尚存，基础还在，这是有利条件；其次，万佛阁的佛法传承始终没有中断，即便在宗教活动全面停止时期，以新量法师为代表的万佛阁尼众依旧严守毗尼。虽然万佛阁房屋被挪作它用，但新量法师还在，在她周围还凝聚着一批潜心修行的法师，这给未来的寺院开放带来诸多便利。

1989 年 6 月，经奉贤县人民政府批准，万佛阁成为奉贤县第一所恢复开放的佛教寺院。与此同时，经由奉贤县政协提议、县人民政府批准，请新量法师负责主持开放万佛阁的相关事宜，并担任奉贤县佛教协会筹备组负责人及万佛阁住持。

此际，奉贤县人民政府拨付万佛阁首期启动款项五万元，作为安顿尼众和初步筹备的经费，新量法师和尼众们感到十分欣慰。法师带领大家把原来大殿一角的住房腾出来，将香案和佛像请到更为宽敞的大殿偏房，启动经费添置了部分佛事用具，请来一尊庄严的释迦牟尼佛像。为了能让佛阁香火继续，她们在狭小的

佛堂里办了几场法会，算是佛阁香火延续的缘起。

令新量法师等惊喜的是，法会举办之际，前后竟有数百名信众前来参加。有叙旧、敬香，还有捐资，一时间万佛阁打破了十多年的宁静，从少人问津的奉城北门一角，变成了信众往来频繁的佛教道场。有了信众们的供养和护持，新量法师和尼众们更加有了信心。

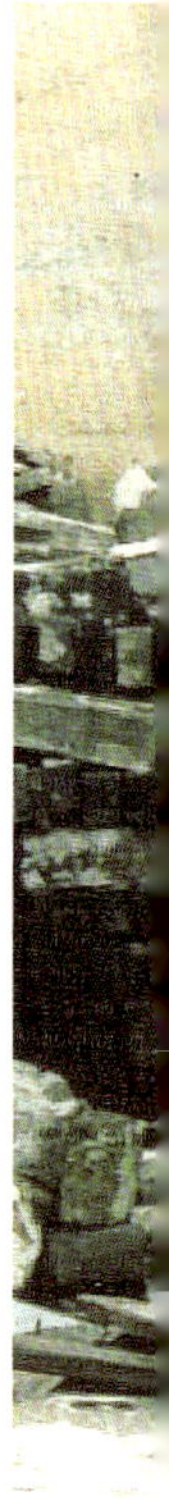

万佛阁在奉贤，尤其是奉贤东乡，不仅仅是一个地名，更是一种怀旧和信仰的文化符号，奉贤县人民政府深知万佛阁重建和开放的意义，于是由宗教科和奉城镇政府出面，着手解决寺内住户的动迁问题。

从历史渊源和法律权利的双重意义来说，住户们暂住于万佛阁内，应该是只拥有居住权，而房屋的所有权则应归属万佛阁。当时的局面是由特殊历史原因造成的，但如今要落实政策收回房子，却不得不考虑十几户住户的处境。新量法师认为，即便要住户搬离也要妥善处理，不能让住户们流离失所，这不符合佛教的慈悲精神；再者，这些年也幸亏有他们住在万佛阁，道场才得以保全，否则万佛阁早将和其他寺院庙宇一样，落得个被拆除的命运。因此某种意义上，他们也是万佛阁的护法和功德主，当怀感恩之心。于是新量法师关照大家，在具体执行落实过程中，要主动和有关方面沟通，不要为难住户们。房管部门听取了万佛阁的意见，先替这些住户找到合适的居住地，再对他们进行劝说，希望他们搬离万佛阁。法师和尼众们本着慈悲为怀的心愿，

新量法师在修复工地

不希望住户因搬家而受损失，尽量替住户们争取一些好的待遇和政策，尽可能减少对他们生活的影响，这也不失为是一项善举。

在不到一年的时间内，在奉贤县人民政府和相关部门大力扶持下，通过多方共同协作，万佛阁使将十多户居民占用的房屋全部收回，使万佛阁重新回归了佛门。

万佛阁庙产虽然于收回，但这许多年被改为民用住宅后，没有得到很好的修缮，显得格外破败。墙面开裂、地基下沉、房屋漏顶，几乎每间屋子都有严重的问题。新量法师将政府拨款全部用于佛阁的恢复和佛殿的布置上，并计划对原有万佛阁建筑群进行修缮和改建。

随着人力和物力的到位，万佛阁的改造装修工程顺利展开。先期拆除了几间濒临倒塌的厢房，又在原址上新建几间房屋，再对原有大殿进行了加固，经过一年多的修缮装潢，在经历了数十沧桑之后，万佛阁焕然一新，寺院面貌发生了巨大变化。

1994年3月29日，对于万佛阁而言是一个值得纪念的日子。上海佛教界大德真禅长老、明旸长老，及诸山长老、四众弟子等齐聚万佛阁，隆重举行“万佛阁佛像开光暨新量长老尼升座仪式”。真禅长老亲自为新量法师送座。这时新量法师已是75岁的老人，但在她心中多年来还一直深藏着一个宏愿，那就是重建万佛楼、重现万佛胜景。

“万佛庄严”曾是万佛阁的一道胜景，后毁于战火。民国时期福缘法师在修缮万佛阁时，曾请人在大殿作巨型壁画，重现此景，但后来壁画亦遭破败。既然名为万佛阁，如果没有万佛像，岂不是名不符实，更何况历史上万佛阁确实曾供有万尊佛像。能否恢复这万佛楼，成为新量法师晚年一大心愿。

1998年9月12日，经过多方努力，筹备酝酿已久的万佛阁扩建计划终获批准，万佛阁举行了庄严的万佛楼奠基仪式。当时在上海市佛教协会任职的觉醒法师、照诚法师、荫远法师专程前来主持仪式，明旸长老为万佛楼欣然题字。重现万佛胜景、完成新量法师心愿的步伐，又迈出了重要一步。

新量法师主法开光仪式

2003年11月2日，万佛阁迎来激动人心的时刻。上午十时，在大众虔诚企盼中开始了“万佛楼，钟楼、鼓楼落成暨佛像开光典礼”，并由觉醒法师、照诚法师、妙灵法师、心田法师、观性法师等为佛像开光。典礼嘉宾云集，佛乐嘹亮，尽显时代的昌盛、佛法的庄严。通过节日般的庆典，让人心中充满法喜，充满慈悲。

新建的万佛楼一层是三圣殿，殿高3.2米、宽21.5米、长12米，供奉由楠木精工雕成的西方三圣立像。中间阿弥陀佛像，头顶绀色螺发，高肉髻，面色慈祥，双日垂视，双耳垂肩。右手持莲台平托于胸前，左手下垂作接引状。左右两边分别是观世音和大势至两位胁侍菩萨。菩萨头戴宝冠，身披天衣，随侍阿弥陀佛，普度一切众生。万佛楼二层为禅净坛，平时可作为大众学习

修持，当有佛事时，这里也可作为法会内坛。万佛楼三层是万佛堂，这是整座万佛楼最具特色的地方。万佛堂高 9.8 米、长 21 米、宽 14 米，堂内金壁辉煌，庄严肃穆，中央供奉的主尊是一尊高达 5.8 米的金色毗卢遮那佛。毗卢遮那意为“光明普照”，是佛陀的法身，意为自性清净光明，按《华严经》所说，毗卢遮那佛是华藏世界教主。毗卢遮那佛像结跏趺坐在由十朵金莲花托起的千叶莲花座上，头戴毗卢冠，面相庄严，神态安祥，双手结毗卢印。十朵金莲花象征十方世界，莲花座上的金色莲叶瓣，每一瓣上都有一尊金佛像，象征十方世界无量诸佛。

毗卢遮那佛像身后及两侧墙壁上，自上而下供奉着一排排小型金佛像，这些佛像或坐或立，端庄精美，总共有万余尊。其含义为千百亿化身，无量光明，象征佛陀证得清净法身后，应众生之需，示现千百亿化身。在明亮的灯光下，满堂佛像金光灿灿，庄严与宏伟并存，光明与华美相映。无论是香客还是游人，见者无不肃然起敬，礼佛之心油然而生。

万佛楼的落成，使“万佛胜景”重现，距今已有六百多年历史的万佛阁，再次成为名符其实的“万佛之阁”。这标志着万佛阁新的发展时代的到来，也预示着佛法光明普照，祖国繁荣富强。随着万佛楼落成以及万佛胜景的实现，紧接着就是启动大雄宝殿的重建工程。2008 年 9 月 28 日，万佛阁举行了大雄宝殿与天王殿的奠基仪式。

2009 年 10 月 6 日，在新量法师九十华诞之际，万佛阁举行了大雄宝殿上梁仪式。仪式上，性康法师怀着激动的心情，在梁木上郑重题下了“正法久住”的字样。看着第一根横梁缓缓升起，性康法师感慨万千，回想自己从长沙偏远山坳里找到这一根根珍贵的老杉木并运至上海，各种艰辛一幕幕涌上心头。在全寺上下共同努力下，大雄宝殿的建设进展迅速，2012 年大雄宝殿内佛像金身完成，并于次年正式竣工。

2013 年，一座精美绝伦、雕梁画栋的大雄宝殿矗立在万佛阁中轴线上。一般来说在佛教寺院中，大雄宝殿是整座寺院的核心建筑，也是僧众朝暮课诵集中修持的地方，因此往往称之为正殿或大殿。大雄宝殿主要供奉释迦牟尼佛，大雄是佛的德号，因佛是具足大力，能降伏四魔。大是包含万有的意思；雄是摄伏群魔的意思。因为释迦牟尼佛具足圆觉智慧，能雄镇大千世界，因此佛弟子尊称他为大雄，供奉佛陀的大殿也就被称为大雄宝殿。

万佛阁大雄宝殿内正中供奉佛祖释迦牟尼像，佛像高 8.4 米，气势宏伟，宝相庄严。佛像顶上是螺旋式木雕藻井。佛陀背后舟形火焰纹光背上结跏而坐的过去七佛。佛陀头上为青绀色螺发，肉髻凸出，眉间白毫光，两眼低垂，似乎在俯视天下芸芸众生，双耳垂肩，胸口有卍吉祥符。佛陀身着通肩袈裟，左手结按地印、右手结说法印，表示正在向众生演示佛法。佛像两侧为以阿难和大迦叶为首的十大尊者为胁侍，由前向后、从低而高，侍立于佛陀两边。尊者们面部表情生动，与中间释迦牟尼佛平静祥和的面部表情形成鲜明对比，使人们印象深刻，这在上海乃至全国佛教寺院中都十分罕见，成为万佛阁独有的特色。此外大殿还供奉千手观音、文殊、普贤三大菩萨的高大立像。大雄宝殿两边是四幅巨大的金丝楠木浮雕壁画，内容是佛教史上的四次经典结集。整座大雄宝殿内佛、法、僧三宝具备，种种细节无一不在展示着佛殿的宏伟、庄严，象征着佛陀的圆满、尊贵。

巍峨的大雄宝殿落成开放后，每当夜幕降临，殿前花台上的树丛中，发出柔和宁静的灯光，与大雄宝殿内外的灯光相互交映，加上万佛楼内明亮的光和四周回廊连接的幢幢楼宇中闪现的光，互相交织，互相映射，使身临其境的人们，似乎感觉身处西方极乐世界，妙不可言，不可思议。

第三章

梵宇庄严

如今的万佛阁，经过数次重修，不仅重显昔日胜景，而且雄姿更胜于以往。整个建筑群由南向北依次展开，依城傍水，布局别致，独具一格。寺院依傍的古城墙，见证了古镇奉城历经的沧桑岁月，被列为奉贤区文物保护建筑。寺院与城墙有机融合，寺内建筑沿着城墙连片成排，一湾护城河盈盈一绕，古色古香，佛韵悠长。整个寺院北面紧靠城北浦南运河，所处地形特殊，环境优美。

万佛阁主体建筑分布在中轴线和东西两边。建筑群富有特色，殿宇的钳状套式梁木结构镶接缜密，浑然一体，堪称古式建筑中的一绝。寺院东西两边建筑结构对称，各配殿之间有回廊相通，又有八角盝顶塔楼相间，并与中轴线上的万佛楼通过斜廊相联接，与楼阁群交映连接，呈多层次古朴典雅的厢楼式建筑风格，由此使整个寺院的建筑群连环贯通，构成一个协调的整体。江南地区多雨，廊桥结构可使人在雨天时亦可惬意行走于各殿宇间而不受雨水的干扰，可谓匠心独运。所有建筑风格一致，色彩协调。每座殿宇又各有其独特的建筑特色，每个建筑在廊桥的联接下强化了建筑群的整体结构布局，在对称中又保持适度的变化，在建筑特点多样化中又保持了整体风貌统一性，使整个寺院建筑看起来结构严谨而紧凑，风格古朴而庄严。远远望去，一幅廊腰缦回、檐牙高啄的景象。

万佛阁寺院布局的中轴线，以天王殿、大雄宝殿、万佛楼和古城墙为建筑主体，依次由南向北、由低渐高，分布在寺院中轴线上。

步入万佛阁，首先映入眼帘的是天王殿。万佛阁天王殿高 7.8 米、长 18 米、宽 7.8 米。殿外有青石透雕百鸟朝凤的柱子和回廊，殿中央供奉天冠弥勒尊佛。据佛经言，弥勒本为释迦牟尼佛弟子，得佛陀授记，将于未来世降生人间成佛，在龙华树下三会说法，度世间众生，因此弥勒是未来佛。他在成佛前居于兜率天内院，为那里的诸天说法决疑。江南佛教寺院天王殿中所供的弥勒像，多以弥勒化身的布袋和尚形像为主。万佛阁的弥勒像为头戴天冠的菩萨像，像高 4.2 米，结跏坐于莲花台上，表现弥勒菩萨正在兜率天宫说法决疑的形像。弥勒菩萨像背后是高 3.9 米的韦陀菩萨立像，韦陀菩萨身穿古代武将的盔甲，威风凛凛，手握法器金刚杵，杵尖朝下拄在地上，双目注视着遥遥相对的大雄宝殿，象征对佛法的护持。在佛教中，韦陀菩萨是护法神将，往往供奉于天王殿弥勒像背后。弥勒菩萨的两边分别是高达 4.4 米的四大天王立像。四大天王是著名的佛教护法神，又称护世四天王，他们分别护持着四方天下。这四大天王分别是东方持国天王、南方增长天王、西方广目天王和北方多闻天王。

穿过天王殿，即万佛阁大雄宝殿。大雄宝殿高 12.7 米、长 23 米、宽 20 米。重檐翘角以黄色琉璃瓦覆盖。大殿是在原来佛殿的地基上翻建落成，座落在高高的青石筑成的台基之上。大殿周围廊柱使用青石透雕技艺，雕工十分精美。大殿前廊的八个圆形基石之上，矗立着雕刻有八根祥龙青石望柱，象征着天龙八部护持正法。回廊四周是绘有图案纹饰的青石浮雕栏楯，廊中朱漆圆柱顶端垂挂着优质原木浮雕垂檐，垂檐上排列有序的斗拱，托举着大殿四角临空伸展，飞檐上翘直指蓝天。

大雄宝殿向后，经过一个花园中庭，便是万佛楼。万佛楼位于万佛阁中轴线上、大雄宝殿北面，是一座三层木结构楼阁式建筑，整座建筑坐北朝南，庄严气派。屋顶飞檐高高翘起，黄色琉璃瓦在蓝天的映衬下格外明亮，朱红色的柱子和落地式的格子长窗显得古色古香。万佛楼内安装有电梯，可从一层直达三层。第二层楼檐下挂着一块金色匾额，上书“万佛楼”三个大字，字体飘逸隽秀，是由原中国佛教协会副会长明旸长老亲笔题写。

万佛楼之后是卧佛殿。卧佛殿中供有一尊缅甸玉的卧佛。卧佛殿建于城墙上，实为原城墙的城楼。奉城古城墙始建于明代，至今已有六百多年历史。当年寺院依奉城北城门而建，使这古城门得以保存下来。近年经过修缮，古城楼雄姿依旧，重新焕发了青春。登上城楼，面向护城河边的门洞已被砖砌上，但拱形的门洞形状依稀可辨，门洞上方“奉城”两个大字依然清晰。从城里看，整个城楼巍峨耸立。站在城楼边，看着城下护城河的水缓缓流淌，正印证了孔老夫子说的“逝者如斯夫”！而佛陀释迦牟尼则曾说过，世事无常。远在两千多年前的中印哲人，其睿智又何其相似！

与万佛阁中轴线建筑主体平行的分别是东、西两线建筑布局，其中东线建筑，由南向北依次有钟楼、伽蓝殿、客堂、贵宾接待室、教室、图书馆、斋堂等配殿。

万佛阁钟楼位于天王殿的东侧，中置有巨大吊钟，每日清晨时以木杵撞击。佛教撞钟的规制，通常是连击三通，每通急缓各十八声，共一百零八声。钟声用以召集僧众，使人警醒，发人深思。

钟楼之后为伽蓝殿，伽蓝殿是汉传佛寺中诸配殿之一，通常位于大雄宝殿的东侧，称为东配殿。万佛阁伽蓝殿正中供奉曾为释迦牟尼护法献国的波斯匿王。

客堂是寺院中知客僧用以接待僧俗宾客的堂舍，由知客掌管。知客，是寺院中的知客僧的简称，亦称典客、典宾，是佛教寺院里的僧职，专门负责寺院的接待事宜。知客的职责便是每日接待往来的宾客和僧众，如遇尊贵客人，还需以香茶迎待，并着人通报方丈，而后引见，以及负责安排宾客的食宿事项。紧邻客堂的是贵宾接待室。

贵宾接待室后面建有教室、图书馆，功能齐全，设施完备，是寺院法师和善信居士们学习佛法、精进闻思的清净处。

万佛阁斋堂位于寺院东北隅、东线建筑之末。斋堂是寺院僧众用饭的堂舍，也称为香积厨或五观堂，堂中央通常供有佛龛。出家人用餐时不能说话，进食之前还应作五种观想，否则散心杂话，信施难消，故斋堂又名五观堂。

万佛阁西线建筑布局，由南向北依次有鼓楼、祖师殿、佛教流通处、居士读书馆、菩提书苑、药师殿、多功能厅、延生堂、净土堂、客房等配殿。

万佛阁鼓楼与东线钟楼相对，楼中置有大鼓。钟楼鼓楼是寺院中常见的建筑规制。所谓晨钟暮鼓，即指早晨撞钟，以鼓声应之，傍晚击鼓，以钟声应之，佛寺中通常以此报时。

鼓楼之后为祖师殿，位于大雄宝殿西侧。在佛教寺院中，祖师殿是供奉本宗派祖师之处，如禅宗祖师殿通常供奉达摩、慧能、百丈怀海三位祖师像，其他宗派的寺院会加祀本宗祖师像。

祖师殿之后又有佛教流通处、居士读书馆、菩提书苑等配殿，随后就是万佛阁药师殿。

药师殿中供奉着药师琉璃光如来画像，药师琉璃光如来又称药师佛，曾发十二大愿，愿令众生疾病消除，解脱厄难，故佛教徒多向其祈祷治病、延命、消灾等事。

药师殿之后又有多功能厅、延生堂、净土堂、客房等配殿，各有不同功能与分工，形成了一个系统完整、功能齐备的寺院建筑布局。

在万佛阁西侧一个独立的庭院中，还有一座藏经楼，更显幽静和雅致。藏经楼内供奉着二十个两米多高的红木精雕大藏经柜，柜内珍藏着佛教法宝——十部大藏经，共计有永乐北藏、洪武南藏、乾隆大藏经、高丽大藏经、频伽藏、大正藏、续藏经、佛光大藏经等十余种版本。此外，还有其他各种单部佛经和佛教资料，包括珍藏新量法师血书《金刚经》和性康法师血书《妙法莲华经》。

万佛阁的重修扩建工程虽然还未完全结束，但现在的万佛阁不但寺院建筑精美，道场庄严，而且在道风建设、制度管理和僧尼教育方面都取得了有目共睹的成效。晨钟暮鼓伴随着众尼师优美的梵呗

清音，焕发出佛法庄严、吉祥如意的光辉，吸引越来越多的海内外善信前来进香、朝礼和观光。

回首新量法师与万佛阁之间数十载的历历往事，不由令人感慨万千。新量法师五岁童真出家，十八岁受具足戒，一生精进弘法利生、无私奉献、爱国爱教。新量法师的一生是严于律己的一生，她严净毗尼，刻苦修行，即使在最困难的时刻仍坚守信念，为世人树立了一代大德持戒清静、精进修持的榜样。新量法师的一生是愿力宏深的一生，她在年近七旬的高龄倾尽余生之力，克勤克俭、艰苦创业，终于重建万佛阁，为上海佛教开辟出一处清静的尼众道场，为尼众和合、佛法长住作出杰出贡献。新量法师的一生又是为佛学教育而奉献的一生，她和观性法师共同创办上海佛学院尼众班，后来又在万佛阁开办尼众律学班，为上海佛教尼众界培养了大量僧才。除此之外，新量法师还积极参与社会慈善活动。总之，新量法师将毕生精力都献给了上海佛教事业，她对上海佛教尼众界的恩德难以言尽，无愧为沪上难得的一位尼众大德！

斯人已逝，宗风犹存！万佛阁新一代接班人性康法师继承新量法师的事业，以其悲心愿力正一步步将万佛阁的弘法事业不断推向新的境界。如今，性康法师除继续万佛阁扩建工程外，还努力抓好宗教活动场所管理和寺院道风建设；加强万佛阁尼众班佛学教育，继续培养佛学人才；并积极回报社会，投身社会公益慈善事业。2016年11月1日至30日，由上海市佛教协会主办、上海龙华寺和万佛阁承办的传授二众三坛大戒法会即将举行，这是上海佛教尼众界近年来少有的盛事，法缘殊胜，意义重大，它预示着万佛阁新的起点，必将肩负起续佛慧命、弘扬正法的时代使命。

未来，性康法师和万佛阁全体尼众法师将同心协力，携手同行，将文化教育、慈善公益、教理研究、培育僧才等佛教事业做得更加如理如法，为把万佛阁建设成更加殊圣庄严的道场，以及在制度管理、道风建设等各方面做得更加完善而倾尽全力、忘我奉献！同时祈愿新量法师不舍众生，慈航倒驾，乘愿再来，广度有情！

附录

/ 资料篇 / 追忆篇 / 座谈篇 / 礼赞篇 / 新量法师生平年表 /

资料篇

《修建万佛阁碑记》

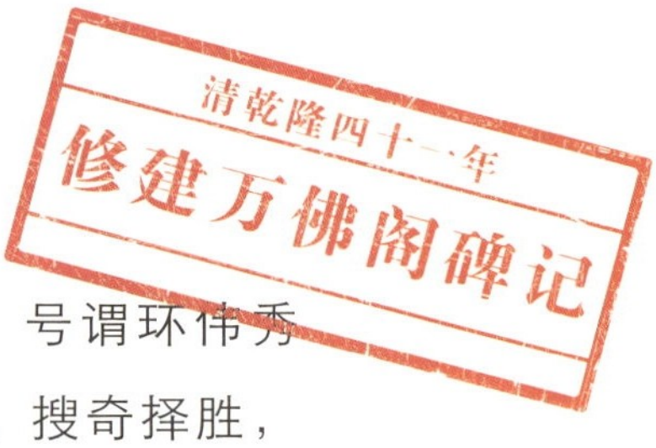

窃见名蓝巨刹，大抵据山川之雄、都会之胜，号谓环伟秀绝者，多为浮图氏所居。至于下州小邑，丛林奥区，搜奇择胜，亦靡遗者。推原其端，必有开士，法眼清净，道行高洁，信仰于一方，乃能披榛棘，创道场，肇基开迹，以贻后人。非偶然也。

奉邑万佛宝阁，建自前明，历今四百余年，环垣踞堞，面山枕流，胜境之妙，冠于诸刹。堂殿楼阁，窈窕玲珑，泉石松筠，幽奇芳润。戍楼屏其前，沃壤拥其后，当水陆通衢。晨钟暮鼓，为大地一蒲围也。殿阁岁久，云蒸木腐，将有倾压之虞。住持尼师永修者，清修三十年，得尼徒德静，具性慧悟志，欲扩整是庵。就谋于予，暨张、叶、二戴诸公，愿请先施钵赀为门。明年，募缘葺两庑堂殿，金彩诸天佛像。辛巳，重建大殿及后法堂楼阁。工未竣，而永修师徒相继圆寂，遗徒邃山尚稚。德静脱化时，特属予与张、马、二戴诸公，善为保之。速师兄意真来庵住持，命邃山拜师。提撕成长，冀继其绪。意真受德静之托、诸公之请，义不可却，努力接办。随为大殿、万年台，菩萨金容，殿宇脊瓦。为禅房，为厨，为廊于右。复为之整阁，为掖舍，为廊，为容厨于左。又历十余载，乃竣功。绪前建大殿，倡领虽各喜舍，惟张老施财独厚。即意真每举亦必倾钵，先施而后募。成斯时，金碧辉映，焕然一新，四方来游者，无不憩焉。

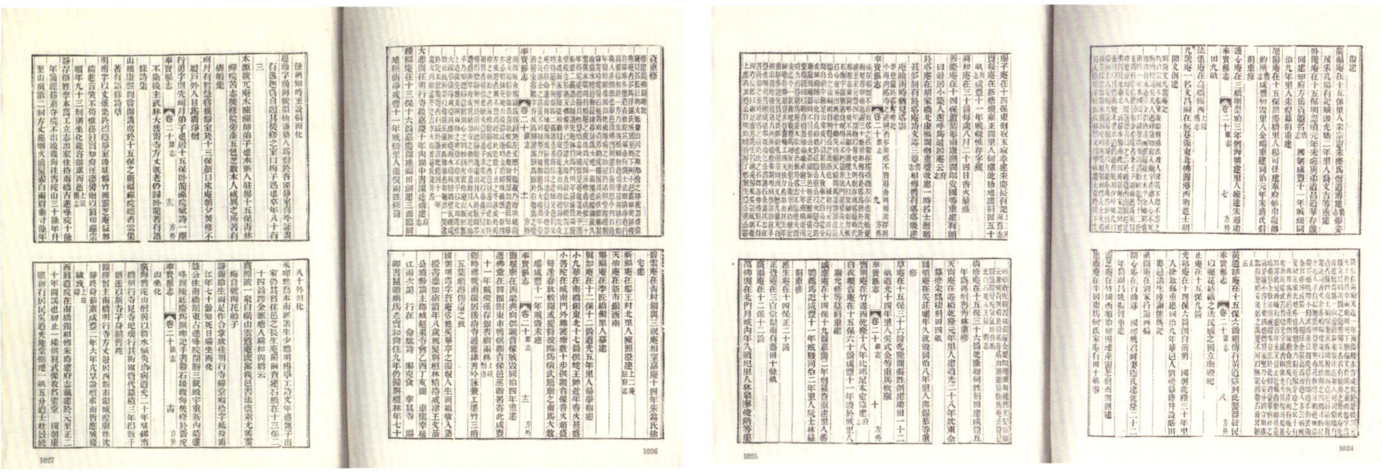

碑记书稿

经始于乾隆丁丑之冬，落成于丙申之秋。始之者，永修、德静也。成之者，意真、邃山也。始终领赞者，檀信也。庙成，意真过予，求为记以垂后。

予见永修得德静，创兴于前。而德静复识邃山其人于髫龄。多遭磨折，卒克成其绪。即求之佛门中，盖鲜其人，况尼师乎！乃知德静、意真用心之固，妙圆光里。俾邃山皈回无上道，后先媲美。则两师之功，岂不伟与！予以比丘能作大缘事，清净爽垲，具胜妙境。而水鸟林峦，墙壁瓦砾，咸助法机。所谓以楼阁庄严，而为佛事者耶？輾然一笑，书于记末。庶几览者有感于斯言。

乾隆四十一年
岁次丙申孟冬之吉
李大源茭庵氏记并书

《重修万佛阁碑记》

一九二三年
重修万佛阁碑记

邑城北，有万佛阁焉，向为比丘尼栖修之所。乾隆朝李大源碑记所称为环垣踞堞，面山枕流者也，是阁也。创自有明，历年已久，以渭所闻见者言之。清代道咸以降，尼师潜修主是庵，凡数十年。年既迈，得其徒福缘，传衣钵焉。福缘故披剃于南邑石笋里之北山寺，潜修携之往来。光绪壬午，师圆寂。福缘继为是阁住持，旋受卷于普陀德辉大师，赐法号脉来。俾传临济正宗，为第四十六世嗣，自此静悟真修，足以感动四方檀越，相率布施。以时修葺其墙垣栋宇。环顾一城斗大，凡向之僧寮、道院，半就荒芜，而是阁历劫独存。盖住持尼提倡宗风之力，于是为多焉。顾福缘犹以殿宇湫隘，未足壮观瞻，欲新而大之，匪伊朝夕矣。遂于民国六年丁巳夏，罄其所积香火资，鸠工庇（应为“庀”，原文误）材，从事兴作。凡建大殿三楹，比接东西禅室各二楹。其右侧为西方殿，中奉接引准提慈航三圣，旁列十八罗汉，皆以旧时所供，重换金装。而与左厢之香积厨，庑衡相对，隔以重墙，通回廊焉。殿之前后，旧各有楼，乃去其前楼，择其材之可用者，移葺于后。缘城墙为广狭，不足，则更之以新。左右之楼折而与大殿衔接。殿前则建新屋三楹。中间佛龛，供弥勒韦陀像如旧，前镇山门。当城门左偏，其右别建地藏殿一所，旁塑十王，备列天堂、地狱诸变相，以寓法戒。大殿中奉释迦，旁侍阿难、迦叶。左右两楹，为文殊、普贤诸尊者像，莲花、狮像金碧辉煌。凡各大禅林供奉之品，应有尽有，光彩炫目，精妙绝伦，雅称是阁之新建筑焉。己未四月，工将竣，福缘乞文于余，纪其经始，以示未来。余惟佛门广大，普结众缘，信仰力深，则华严弹指可现。近代淄流辄仗之临时托钵，不得善男信女之崇仰，往往不能如其所愿。福缘非有点金术，而经营二载，共费万余金，以副此宏愿，盖本其四十余年积累之苦

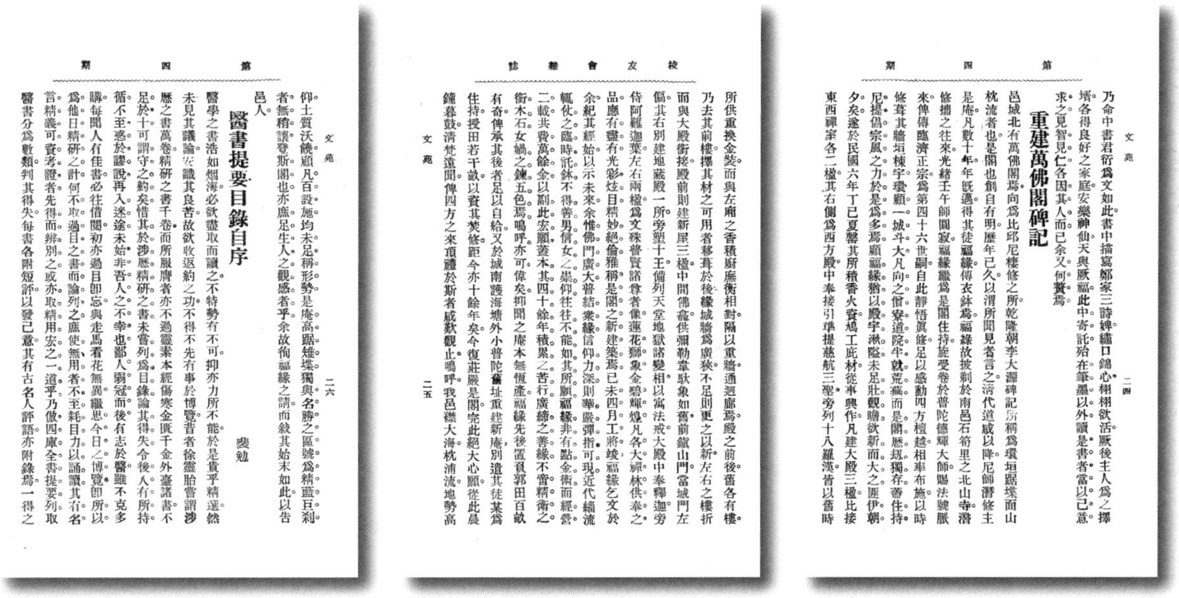

1923 年奉贤县立第一高等小学校友会杂志上登载的碑记

行，广缔之善缘，不啻精卫之衔木石，女娲之炼五色焉。呜呼，亦可伟矣！抑闻之庵本无恒产，福缘先后置负郭田百亩有奇，俾承其后者足以自给。又于城南护海塘外小普陀址重建新庵，别遣其徒某为住持，授田若干亩，以资其焚修，距今亦十余年矣。今复庄严是阁，完此绝大心愿，从此晨钟暮鼓，清梵远闻，俾四方之来顶礼于斯者，咸钦观止。呜呼！我邑襟大海，枕浦流，地势高仰，土质沃饶，顾凡百设施，均未足称形势。是庵高踞雉堞，独于名胜之区。号为精蓝巨刹者，无稍让登斯阁也。亦庶足生人之观感者乎！余故徇福缘之请，而叙其始末，如此以告邑人。

重修万佛阁碑记摘自《奉贤县立第一高等小学校友会杂志》
1923 年第四期，见《文苑》，第 24 ～ 26 页。

《修建万佛阁碑记》

二零零二年
扩建万佛阁碑记

奉邑万佛宝阁，始建于前明。原系乡间小庵，明洪武十九年（一三八六年），信国公汤和大将军督筑青村堡（今奉城）城墙，遂将万佛阁重建于北门月城弯内，迄今六百一十余载矣。悠悠岁月，历经沧桑，堂殿楼阁，几度废圮，几经重建，乃延续至现代。

文革期间，万佛阁房屋被移作他用，尼众离散。一九八九年六月，为落实宗教政策，经奉贤县人民政府批准恢复开放。在上海市佛教协会支持和新量法师住持下，重修大殿山门、发堂楼阁，头门迴廊，佛像金身，宝鼎庄严。明旸、真禅法师为头门、大殿题名。一九九四年农历二月十八日，隆重举行佛像开光暨新量法师荣任主持庆典，重现万佛阁当年光辉。

新量法师幼年丧母，五岁入万佛阁。经师公了愚、师父又禅精心教化，十八岁受戒于镇江焦山定慧寺。从此潜心修炼，乃得佛门真传，戒行高洁，荣升主持当之无愧矣！

一九九八年底，座落于拱辰门城墙的后发堂楼阁有顷压之虞。为恢复宝阁壮观气势，弘扬佛法精神，年届耄耋的新量法师，在人民政府和众多善信的支持下，得贤徒性康之鼎力操持，率徒扩建万佛阁。觉醒、照诚、荫远、观性法师临奠基。在后法堂址新建三层万佛楼，东增钟楼，西置鼓楼，后面迁建拱辰门城墙城楼。耗资五百余万元，历三年，工竣。明旸、铭山法师分别为之题名、题联。期间，募缘逾十万者，有上海陶新康、沈国平、李银芳、胡龙英、傅君芳、蔡贤，香港张大妹、朱瑞雪和台湾黄天德等居士。古建筑师陶万生亦为之募缘设计。楼宇气势恢宏，金碧辉煌，迴廊曲径，纵横贯通。南临古城老街，北枕城墙运河，实乃名闻遐迩之一方佛门胜地也。每逢祝圣法会，香火鼎盛，游人如织。万佛阁之兴盛略见一般焉。新量、性康两师之中兴奇功，弗能没矣。特遵瞩作记，以垂后世。

公元二零零二年新春东皋沈银章谨记

追忆篇

愿海绽放芬陀利

——忆新量长老尼

万佛阁原住持新量长老，是一位德高望重的比丘尼，她和观性长老尼志同道合、心心相印，协助观性长老尼为弘扬上海佛教尼众教育、建设尼众道场作出了不可磨灭的贡献，为上海佛教界老一辈尼众杰出代表之一。长老尼虽然已经舍报归西，但她昔日德行教诲的笑貌音容依旧深深地印在后学之心。长老尼一生信仰坚定，戒行清净；爱国爱教，矢志不移；慈悲济世，乐善好施，成就了一代比丘尼楷模。在她圆寂周年纪念之际，作为晚辈，我谨以拙笔为文，以表达对她老人家的深深缅怀和无上敬意！

一、爱国爱教，一代长者

新量长老尼是一位信仰坚定的佛教大德，同时她首先是一位热爱祖国、忠于祖国的公民。早在抗日战争期间，她曾以“智斗日军，巧救佛阁，张贴佛像，救护众尼”等护国行动，参与了抗日救国活动。在上海解放进程中，她带领尼众为解放军送鞋子，为阵亡解放军战士举行超度法会。新中国成立后，她服从党和政府的安排，进入工厂参加建设祖国的光荣劳动；在工厂期间，她以勤恳务实、兢兢业业的工作态度和突出表现，多次被评为先进工作者。这一切充分体现了新量长老尼的可贵品质，无论在何种境遇下都抱着热爱祖国的决心去为祖国奉献，是一位实至名归、爱国爱教的比丘尼长老。

二、信仰坚定，不辱使命

新量长老尼一生信仰坚定，不辱使命。她自幼童身入道，在当时万佛阁的前辈法师慈护下，严格熏习佛门清规戒律、义解行门，一生严持律仪、戒行清净，即使在“四清”与“文化大革命”期间，亦始终善护毗尼，保持素食、独身，其信仰坚定、矢志不移的精神深受佛教四众弟子敬仰。长老尼一生始终不忘担负续佛慧命之责任。党的十一届三中全会后宗教政策逐步落实，上海各个道场陆续恢复。1984年，长老尼被邀请至沪上第一所落实政策的尼众道场——慈修庵任维那，协助观性长老尼恢复宗教活动，并亲自教导学僧佛教仪规和梵呗唱诵，使佛教的传承规制在青年尼众中得以传承。我本人也是昔日的学僧之一，深深得益于她老人家手把手地教导。

二十世纪九十年代，百年古刹万佛阁得以落实政策、获准复建。新量长老尼在耄耋之年毅然决定回到万佛阁，全身心投入寺院的修复工作。经过她多年不遗余力和坚持不懈的努力，万佛阁道场得以重振。如今的万佛阁已重新屹立于东海之滨的奉城运河边，百年名刹重新焕发出昔日辉煌。

三、慈护众生，大悲济世

新量长老尼又是一位“慈悲济世”的佛门典范，一生以修行菩萨道的“慈悲”本怀，乐善好施。她自己生活非常节约俭朴，而每每闻悉社会有一方受难、身边有人处于困顿需要帮助时，她总是毫不犹豫地慷慨解囊，以佛子的慈悲情怀伸出缓助之手，去帮助需要帮助的人。多年以来，长老尼积极参加社会扶贫、帮困、助学、赈灾等慈善活动，为社会的和谐友爱奉献一份爱心。

四、吃苦耐劳，以身作则

新量长老尼初到慈修庵时，道场刚刚恢复，百废待兴，一切都要从头开始。庵中仅有十二位僧尼，除两位年轻人之外，都是60岁以上的老人。此时长老尼法务繁忙，起早落夜，每天四点钟晨起敲钟，早晚功课领众修行，白天做佛事，晚上还要写佛事牌位和文疏。上海佛学院尼众班开办后，虽由年轻学僧轮流打板、敲钟，但年轻人往往睡过头不能准时，她总是默默站出来代为值守，真正地将教诲寓于身教之中。这一切都让我们年轻人看在眼里，感在心里。新量长老尼工作认真负责，不辞辛劳，处处以身作则，这给我们年轻一代僧尼树立了好榜样。

新量长老尼一生以坚定的信仰，践行佛陀的教义，严持律仪；以慈悲喜舍、无私奉献的崇高精神，以严以律己、宽以待人的人格魅力，以认真务实、吃苦耐劳的工作风格，深得佛教四众弟子的敬仰和爱戴。今值长老尼圆寂一周年之际，作为后学的我曾得到她慈心护爱，深感无以回报，谨以此片言只语，表达我对她深深的敬意和感恩之情！

新量长老尼之无尽行愿，高山仰止、景行行止，她永远是我们上海尼众心中敬爱的长者。我们怀着无尽追思、深切缅怀心情，愿长老尼早日乘愿再来，广度有情！

定慧 法师
上海佛学院尼众班第一届学僧
上海市佛教协会副会长
上海沉香阁住持

行云流水处 精神贯长虹

——忆万佛阁新量长老尼

2015 年 8 月 14 日凌晨 55 分，繁忙的上海此刻已趋于子夜的沉静中，然而上海市奉贤区奉城镇北端的万佛阁却灯火通明，上下震动。受社会各界团体和佛教内外敬爱的大德——万佛阁住持新量长老尼，安详示寂，世寿 96 岁，僧腊 91 年，戒腊 76，夏腊 48。

一、童真出家，精进修行

新量法师（下文简称“新老”）于 1920 年 9 月出生于浦东泥城镇横港村的佛教家庭。5 岁由父亲送到奉城万佛阁出家。万佛阁始建于明洪武年间，原为乡间小庵，明洪武十九年（1386 午），信国公汤和为抵挡倭寇入侵，督筑奉城城墙。万佛阁由此重建于奉城的北门月城湾内，成为一个颇具规模的道场。新老于此出家，童真入道，从此与万佛阁结下一生之缘。1938 年 4 月，新老赴江苏镇江焦山定慧寺，依德进戒和尚圆受三坛大戒。1943 年又挑起管理万佛阁日常寺务担任住持，带领僧众精进修持，农禅并重，在每年农忙过后都会恭请时在圆明讲堂的雪相法师等当代大德，来万佛阁讲经，弘法一方。

新老一生精严持戒，弘临济祖风，承接禅门法脉，为临济宗第四十八代传人。她曾任上海市佛教协会理事、上海市佛教协会咨议委员，奉贤区佛教协会名誉会长，奉贤县政协第六届、第七届、第八届、第九届委员，奉贤区政协第一届、第二届委员。为上海佛教的繁荣复兴作出了极大贡献。

二、欣逢盛世，古刹新辉

十年动乱结束以后，国家百废待兴。宗教政策方面也是拨乱反正，信仰自由的政策得到真正的落实，佛教也因此迎来了发展的大好机遇。1984 年至 1990 年春，新老应邀担任上海市慈修庵维那及上海佛学院尼众班监学，1986 年当选上海市佛协理事。

1989 年 6 月，奉贤县佛教协会筹备组成立，新老任组长。1990 年，经奉贤县人民政府批准，万佛阁成为奉贤县第一所恢复开放的佛教场所，新老带领信众重修万佛阁，并主持万佛阁一切寺务，重振道风。经过多年的奔走呼吁，在政府的支持下，成功收回了万佛阁原有的地基，并组织重修了寺院，使古刹焕然一新，旧貌换新颜。

1994 年春暖花开的 3 月，上海佛教界著名的高僧大德，年已八旬的真禅长老、明旸长老，妙灵、观性等诸长老亲临万佛阁，汇聚一堂，恭贺新老晋院升座，荣升万佛阁住持。性康法师等诸弟子们共同见证了新老晋院升座典礼仪式这一盛况。

随着改革开放的深入发展，佛教也积极适应社会发展，在民众中影响也日益扩大。到了九十年代末，原来的万佛阁已经不适应民众宗教生活的需求。为弘扬佛法，使佛教在社会中发挥更大作用，已是耄耋之年的新老不辞辛劳，亲率全寺尼众，发愿再次扩建万佛阁。1998 年 9 月，新老企盼已久的愿望终于得以实现。在荫远、觉醒、照诚诸位法师，政府各级领导、市民宗委各级领导以及社会各界人士、广大信众的见证下，万佛阁隆重举行了万佛楼奠基仪式。

经过三年的修缮，在古城河旁的万佛阁内，万佛楼、左右厢房、古城墙等建筑，拔地而起，巍峨挺立。在 2003 年 11 月 3 日，隆重举行了开光仪式。雄伟庄严的万佛堂内，万尊佛像金光熠熠，象征新时代的来临之际，佛法光明普照，祖国繁荣富强。距今已有六百多年历史的万佛阁，成为荣耀法界、名符其实的“万佛之阁”。

三、续佛慧命，培养僧才

十年育树，百年育人。新老十分重视对后辈学僧的教育，与真禅法师等大德一同积极组建上海佛学院。作为第一批教授师被恭请到佛学院的尼众班担任监学以及慈修庵的维那，六年中新老一直在慈修庵教学育人，兢兢业业，勤于治学，提携后辈，不但在学修上对众学僧严格要求，生活起居上更是关怀备至。新老特具梵音梵唱，并精通各类法务。新老在繁忙工作之余，亲自手把手，教会每位学僧梵呗唱腔及法器的运用。令学僧们无不感动备至。

当时的学僧们现在已经遍布海内外，包括美国、泰国等国家及地区。由于学以致用，这些法师们如定慧、性康、常济、信弘、常宽等，现在都已在各自道场独当一面。在弘法一方的同时，大家都深深感激当年新老对她们的严格要求和谆谆教导。

新老深知“人能弘道，非道弘人”，故特别重视尼众的人才培养与教育。1998 年 6 月，为培育佛教僧才，新老又主持创办了万佛阁尼众培训班。培训班每届两年，前后四届，共培育出 100 多名学僧。如今，这些学有所成的僧才，也已经遍布全国各寺院，有的学僧已成为佛教事业的栋梁之才。新老默默无闻地坚持办学，后来又在万佛阁开办每期三年的尼众律学班，学习律藏三大部。

四、持律严谨，戒行清净

新老一生，持律严谨，虔诚信仰，矢志不移。“文化大革命”期间，在万佛阁被迫停止宗教活动的情况下，她白天随众劳动，早晚不辍修持，数十年如一日，素食独身，戒行清净。她坚持每日念佛礼佛诵经，守持毗尼戒体。

十年动乱期间，万佛阁殿堂被分配给其他住户，给新老只留了个房间，当时有从悲老法师与新老相依为命。幸亏当地有些居士还时常送菜送饭给两位法师，帮助他们渡过难关。后来当地政府安排她们到附近的加工厂工作，于是新老成了一名工厂职工。因为她平时努力工作，吃苦耐劳，因此被厂里工人一致推选为“先进”标兵。1979 年，60 岁的新老光荣退休。

1989 年，年已古稀的长老精诚发愿，将重新修建已经是残垣断壁的万佛阁，以续佛慧命，光大佛陀事业。在政府的大力支持和广大善信的护持下，从建筑设计到内部结构施工、用料挑选、监督协调等，皆是新老带领弟子及常住完成。老法师不顾自己年老体弱，亲自带着常住搬砖卸瓦，装卸货物。徒弟们为了照顾新老的身体，劝她搬到有地板防潮的房间，新老却说道："弘法事业尚未完成，我怎么能贪图享受呢？你们住哪我就住哪！"最后还是住在简陋的原处。其吃苦耐劳之毅力，使弟子和常住们为之动容。

五、慈悲情怀，同报社会

新老一生爱国爱教，时时与党和政府风雨同舟，与民众同呼吸共命运。抗日期间，日军荼毒百姓，百姓深受其若。为保当地民众免遭日寇侵害，法师连夜印制百余幅阿弥陀佛法相，张贴于每家每户正门之上，以期减少日寇对城里百姓的骚扰。内战时，国民党军队为阻击解放军，要炸开奉城海堤，倒泄海水进城。那时奉城民众人心惶惶，四散逃难。新老及万佛阁的尼师们为保护万佛阁经书文物，不顾自己生命忧患，依然留守不退。上海解放时，解放军30军90师进驻奉城，新老率领尼师们亲自动手做草鞋，并赠送日常生活用品给解放军。由此也可见新老的爱国爱民之心。

新老一生热爱并积极参加公益活动。如1991年夏，捐款救助华东地区遭遇特大洪水的灾民；1999年，捐款修建淞沪烈士纪念馆；2008年5月汶川大地震，新老与万佛阁尼众一起拿出自己的积蓄支援灾区，并举行法会为祖国和同胞祈福。万佛阁重建后，新老年年都坚持资助偏远山区的贫困在校生，使这些可怜的孩子重返校园接受教育！此外，还年年捐款给奉贤区红十字会举办的"蓝天下的挚爱"活动；为村里患白血病的15岁女孩一次捐款5万元；关爱孤寡老人，中秋节送月饼，腊八节送腊八粥，等等。每当祖国有灾，同胞受苦时，都有新老的身影，包括每月定期举办的放生护生活动等，都体现了佛陀济世利生的慈悲精神。

六、安祥示寂，乘愿再来

2015年金秋之际，新老完成平生夙愿后安详示寂。在尼众及居士们虔诚念佛声中，长老面部慈祥，结跏趺坐，七昼夜如入深定，如如不动。肢体柔软，肤色洁白，异香满室。荼毗后，留下五色舍利子若干，舍利花无数，令人惊叹。

新老一生经历风霜雨雪96载，道风端庄，严持毗尼，精进修行，遇万难而不改初心，以慈悲之心爱国、护教，福荫后辈，弘扬佛法及人间佛教理念，当为佛教界后学弟子学修的楷模与典范。我们以万分崇敬的心情，愿祈长老不违安养，还入娑婆，乘愿再来，广度有情！

性康法师
上海佛学院尼众班第一届学僧
上海市佛教协会副会长
上海万佛阁住持

永怀师恩

师恩法音宏亮绕梁成追忆，星光道场辉煌庄严留人间。

祈愿师恩不舍众生，乘愿再来。继续弘扬人间佛教，广度众生。

空　一　法师
上海佛学院尼众班第一届学僧
上海慈修庵法师

忆　师

因缘聚合于八四，仙风道骨印象深；

慈悲教诲铭五内，言行举止感师恩！

常　静
上海佛学院尼众班第一届学僧

如梦令——忆往昔

昨日同学知会，
缅怀师父周年，
试问受教时，
却忆点滴在怀。
为么，为么？
只缘慈诲常随！

常 宽 法师
上海佛学院尼众班第一届学僧
美国梵音寺法师

忆师恩

萧然独坐意沉吟，忆念师长提携恩；
往日叨唠婆心切，音容常绕我辈心。
为教兴衰忧传承，培育后学事必躬；
唯愿此恩常垂慈，不捨娑婆入客尘 。

显 意 法师
上海佛学院尼众班第一届学僧
美国梵音寺法师

追忆新量长老尼

时光流转飞快，转眼间万佛阁原住持新量长老尼已经圆寂一周年了，今天正逢长老尼圆寂一周年纪念日，这样特殊的日子，不由引起我对长老尼深深的思念。

新量长老尼是一位德高望重、令人敬仰的比丘尼，她自律精进、慈悲喜舍、道心坚固，一生都在潜心修持、弘法利生，即使在“文化大革命”期间受到不公正的待遇，但她老人家是虔诚信仰矢志不移，依旧坚持每日念佛礼佛诵经并守持毗尼戒体。1943 年，新量长老尼挑起管理万佛阁的重任；她带领僧众精进修持，农禅并重，并于 1947 年将万佛阁三进禅房修缮一新，“文化大革命”期间，在万佛阁被迫停止宗教活动的情况下，她白天随众劳动，早晚不辍修持，数十年如一日，缁衣素食，戒行清静。

党的宗教政策落实后，1984 年至 1990 年春，新量长老尼应邀担任上海市慈修庵维那及上海佛学院尼众班监学；1985 年 8 月，奉贤县佛教协会筹备组成立，长老尼任组长；1989 年 6 月，经奉贤县人民政府批准，万佛阁成为奉贤县第一所恢复开放的佛教场所，已是耋耄之年的新量法师，不辞辛劳，亲率全寺尼众，发愿重建万佛阁，终于使古刹焕然一新，再现辉煌。新量长老尼在带领僧众精进修持、农禅并重的同时，也非常注重佛学教育，并设了“万佛阁尼众培训班”，和性康法师一起聘请高僧为尼众授课。并组织教职人员开展佛学研讨活动，提高尼众的佛学水平和修持素质，使佛教事业后继有人。新量长老尼一直是比丘尼众的楷模，她平易近人、深入浅出的话语，让人印象深刻；她与时俱进的佛教理念以及朴实无华的言谈举止，令人感受到高僧大德的风范，使人受益匪浅。

作为新量长老尼第一届佛学院尼众班的学僧，我对长老尼有着深切的敬仰和爱戴之情，在此记述一件小事以追思长老尼：

1984 年，我有幸参加上海佛学院尼众班学习期间，有一次上晚殿，长老尼让我做维那，那时我唱腔不是很好，但是我的磬敲得很准。长老尼知道我信心不足，就在外面听我们上晚殿，晚殿后对我说："你的磬敲得很好，你的起腔应该好好练。"就这样开始学习唱诵梵呗和敲打法器。当时我刚刚插班到佛学院学习班，因学习时间尚短，对唱诵梵呗和敲打法器不甚熟练，而长老尼对唱诵梵呗和敲打法器非常精通，因此进行了有针对性的重点教学。我们年轻法师也都在课后勤奋练习，谁都不希望自己拖班级的后腿。再后来有一次我和其他几位同学一起练习唱诵梵呗和敲打法器，长老尼仔细观摩了我们做法事的整个过程，然后慈祥而认真地对我说："你梵呗唱诵还是差一些，但敲打法器这方面还算不错；另一位就是常明同学敲法器还不熟练，但是唱诵梵呗已经很不错了，你们以后可以在一起互相练习，取长补短，这样对你们提高做法事的技巧很有帮助。"当时新量长老尼在佛学院任教，教务已经非常繁重，还要精进修行，能在百忙之中抽空关心指点我们年轻比丘尼的学习生活，真的是非常不容易。

虽然新量长老尼已经圆寂，但是受过她教导恩惠的学生犹如雨后春笋般迅速成长，如今在全国各地不断将佛法发扬光大。在此回忆起新量长老尼仍然恍如昨日，我们一定会学习长老尼的精神，也对下一代年轻尼众积极指导，关心她们的生活，让她们感受到老一辈比丘尼的关爱和温暖，努力把慈悲心传播给更多的信众。在碧云净院的重建过程中我们也遇到了各种困难，但我经常想到新量长老尼是如何克服重重困难、重建万佛阁的事迹，我们也要继续努力，克服种种障碍，效法长老尼，重振碧云净院，与众生广结善缘。

祈愿新量长老尼莲登九品极乐，乘愿再来，普度众生！

克 莲 法师
上海佛学院尼众班第一届学僧
上海碧云寺住持

追忆恩师新量长老尼点滴

岁月荏苒，清风婆娑，一转眼，新量长老尼已离开我们一周年了。

回忆与恩师相处点滴，虽已过去好多年了，仿佛就在眼前，恩师为人慈悲，在生活中总是关心我们的日常生活起居，问寒问暖。

在修持上，恩师为人师表，德范人天，严于律己，潜于清修，小楷文疏隽秀，梵音诵念慈悲庄严，对我们耐心指导鼓励，言传身教，是我们永远学习的楷模。

在佛学造诣上，弘法利生，正信正行是师父承如来之家业，虽是女众，却有大丈夫之行，实修实证，严持毗尼。

恩师一生爱国爱教，时时关心时事政治，拥护中国共产党，经常教导我们：政策好，条件好，我们要珍惜，要回报社会，要振兴佛教，做一个有修为、有智慧、有担当的出家人。

对恩师的深情厚义，忆不完、说不尽，我们一定秉承师愿，为佛教事业不遗余力。也真心祈愿恩师：

般若之舟达彼岸，乘愿再来度众生。

阿弥陀佛！

传 德 法师
上海佛学院尼众班第一届学僧
安徽贵池观音寺住持

忆　师

长褂迎风飘飘，道气十足；行住坐卧安祥，法相庄严。

新量师公是一位庄严加威严的维那师，无论唱腔和法器，她都有独持的要求和方法，在殿堂中很严谨和严格。初学的我们很是害怕，见到她，只想躲得远远，免得挨骂。生活中老人家是很慈悲的，特别是对年轻、勤快，又懂法器的年轻学僧，她总是笑呵呵的，威严的脸上一笑眼睛就瞇成一条缝，很是可爱。

记得，刚出家又懵懵懂懂来上海求学的我，一进慈修庵客堂登记时就遇上维那师，她一脸的笑容和已笑成一条缝的眼睛慈爱地问我从哪来，并说，年轻人长得不错，好好学习。让我紧张无绪的思维有所轻松。

从此，虽然很威严的维那师却有笑咪咪的眼睛，成了我永远不忘的回忆。感恩师公，祈愿老人家早还娑婆度众生。

文 湛 法师
上海佛学院尼众班第二届学僧
上海万佛阁法师

座谈篇

新量长老尼圆寂一周年追忆座谈会

新量长老尼一生秉承佛法、慧续佛命，1984年上海佛学院刚恢复期间，长老尼即担任上海佛学院尼众班第一届、第二届监学，并兼任慈修庵维那。在佛学院期间，新量长老尼言传身教，深得学僧弟子的爱戴，培养了大批优秀的佛教人才，如今她们都在各自尼众道场独当一面，为上海乃至全国佛教事业作出重要贡献。

2016年8月中旬，正值新量长老尼圆寂一周年。为抒发对新量长老尼的深切缅怀，也为了再次追忆长老尼生平事迹以供后辈学僧参学，佛学院尼众班第一届学僧、现任万佛阁住持性康法师于2016年6月22日，特别邀请新量长老尼当年的学僧，也是性康法师的同学们，召开了一次追忆新量长老尼的座谈会。座谈会中，各位法师畅所欲言，纷纷追忆起和长老尼曾经在一起生活的点点滴滴，言语真切，言谈间无不表达着对长老尼的深切爱戴和缅怀之情。

有的法师回忆起新量长老尼对于她们无微不至的关怀，不仅关心她们饮食起居，也关心她们的身体状况，每当有哪位法师身体稍有不适，新量长老尼都会操心操劳，耐心照管，也时常会关切慰问，她们在日常生活中感受到新量长老尼的慈悲。也有些法师回忆起新量长老尼对她们的教导，严格又耐心认真地教导她们如何做到不违律仪，等等。法师们想起自己从一个初入佛门、对佛教懵懂无知的学僧，到如今自己也开始培育后辈学僧，无不动容感慨，十分感激新量长老尼当初对她们的耐心严格的教导。法师们也回忆起新量长老尼对于佛教信仰的虔诚，对于佛法的坚持。无论在何种环境下，长老尼都不忘修持佛法，

时刻将佛法放在心中，牢记弘法利生的使命。各位法师回想起当年长老尼在耋耄之年，也不辞辛劳，一心专注于佛教事业，时时将佛法贯穿于生活中。她将一生奉献于佛教，也传承了佛教慈悲为怀、弘法利生的精神。

逝者如斯夫！当年那些青春年华的年轻比丘尼，如今大多已是上海各个尼众道场的当家住持。当她们再次回忆起数十年前的往事，无不感到新量长老尼不愧为上海佛教的高僧大德，是后辈学僧们学习的典范榜样，她们希望通过追寻新量长老尼的足迹，学习长老尼言传身教的育人品德和弘法利生、慈悲为怀的佛教精神，不忘师恩，勉励后学，以此作为对长老尼最好的纪念和供养。

祈愿新量长老尼，莲池化生、得大自在、慈航倒驾、乘愿再来！

时　　间：2016年6月22日10点

地　　点：奉贤区万佛阁

主　　持：性康法师

参加人员：性康法师、圣缘法师、信弘法师、克莲法师、常明法师、妙清法师、常济法师、正兴法师、妙相法师、体圣法师

性康法师： 各位法师、老同学、居士，大家上午好。非常感谢大家能在各自繁忙的事务中抽出时间来参加这次会议，一起追忆新量法师，甚至有几位法师听说今天是追忆新量长老尼的座谈会，把之前从不缺席的会议活动都推辞掉，特意前来参加今天的座谈会，我十分感动，再次向你们表示感谢！今天对我来说是令人激动和感恩的一天，通过长时间的筹备和策划，"追忆新量长老尼座谈会"终于在今天开始了，座谈会中，我们老同学们欢聚一堂，以追忆、回顾与新量长老尼在一起生活6年时间的点点滴滴，再次重温师父的言传身教。我们的出发点就是把师父一生中平常但不平凡的事迹记录下来，通过文字写成一本书，留待后学传阅和学习，使后学从师父身上得到启发，也表达我们学僧弟子对恩师的感激之情。现在座谈会就正式开始了，大家随意畅谈、真诚沟通，我们先按顺序来，从信弘法师开始。

信弘法师：时间过得很快，师父从圆寂到现在将近一年的时间了，我们跟师父相处已将近30年了。30年来虽然并没有一直和师父生活在一起，但从她生活中点点滴滴表现出来的德行和言行，一直都在启发我去学习。我记得刚来上海的头两天，师父就教我打铛子，我印象很深刻。那天我在慈修庵，师父当时在慈修庵做维那，并且主持佛事法会。在做佛事过程中，她教我打铛子，打得不对她又重新教我，很耐心也很严肃。从那一刻起，我便感受到师父生活中的一举一动都是典范，都需要我去学习。虽然我学得不是很好，但我始终记得感恩师父的教诲，感恩师父的言传身教。也从那时起，我就记得师父的教诲，直到现在仍然记忆犹新。师父的慈悲心和对学僧的耐心教导让我感动。师父的身影一直留在我的脑海里，令我追念和缅怀，也勉励着我不断向她老人家学习。其中的许多体会和感受非一言两语能够道出，一切尽在不言之中。

克莲法师：因为新量师父的缘故，我们老同学有了机缘聚在一起，这是很难得。提起和新量师父在一起相处时发生的事情，就像在眼前一样。记得我刚从杭州来到上海慈修庵的时候，虽然刚来两天，师父就让我在大殿敲磬，做维那。我心想做维那该怎么敲、怎么唱啊，而且我的唱腔本来就不行，但是因为师父叫我去，所以我就去了。去了之后师父自己不上殿，她在外面看着我们怎么敲、怎么唱，她担心我们会因为她在场而胆怯。下殿之后，她跟我说我的唱腔还是需要好好练习，但敲磬的呗子敲得很准。后来，她又跟常明法师说我和她两个人可以互补，因为一个唱腔很好，一个敲击很好，两个人互补是很好的。师父十分关心我们，总是亲自给我们指导，教我们怎么念经、怎么唱，各方面都关心着我们、培养着我们，我们今天也借这个机会表达对师父的感恩之心。

常明法师：各位老同学、居士，大家好。今天来到这里以后，因为能够和老同学们聚在一起，非常欢喜，然而坐在这里，也确实怀着比较感恩的心情，一起追思、缅怀回忆我们的师父新量长老尼。她老人家这一辈子，我跟她相处的时间算是比较多的。从我进慈修庵，再到进尼众班，跟她相处将近10年。要在这几分钟里把我跟师父相处时的点点滴滴、她老人家为上海的尼众班和上海佛教尼众界付出的点点滴滴，以及作出的贡献都说一说，实在说不完，讲几天几夜都说不尽师父老人家对我们小辈的关怀、恩德。我就取自己记忆深刻的几个方面，跟各位老同学们交流，也表达对师父的感恩之情。

师父是慈悲无量、关爱众生的。我记得非常清楚的一点是师父对我们学僧的关心，比如学僧的身体情况、衣食住行情况等。特别是每当学僧中有谁出现身体不适的时候，师父都关心得无微不至。

师父的点点滴滴不仅学僧看在眼里，就连当时佛学院的老师也都有所触动。有一次，张老师跟我说要做生活有心人，观察寺院的一举一动，她说对我们师父的感情特别深，因为她老人家的一举一动她都看到了，感触很深。师父的许多生活细节都十分让人感动，比如当时慈修庵人多、地方小，我们那时候都不太懂事，一下课肚子饿了就争先恐后去打饭，但是师父老人家每次端着一个碗，站在学生后面，等学僧们饭打好了，她才去盛饭，每次都是这样，从不例外。另外，师父对每一个人都有关怀之心，记得1983年到1985年这几年，慈修庵没有卫生设施，洗澡都要打水洗，上卫生间都是用卫生桶，有一位老人来每天早晨倒卫生桶，这位老人背有些驼，慈修庵有两道槛的，第一道槛外面又有一道槛，老人推出去到第二道槛高一点的时候总是会被绊住，师父每次看到老人推出去的时候卡住了，都去帮她推一把，她不但对我们学僧关爱，对这些工人也同样关爱。还有，师父那时候60多岁，在奉贤有几位好朋友，每次她们到上海来，师父总是为她们买一些用品，吃饭时打好饭，也提前帮她们缝好被子，无微不至。

除了关爱众生，师父还言传身教、示范后学。师父当时是我们佛学院的监学老师，又是我们常驻的纲领职事，她老人家既慈悲，又庄严威仪。学僧看到师父，便不敢乱动、乱说，这是因为对师父尊敬、敬仰而自然产生的。我们和师父之间的感情既庄重，但又不失亲切，比如每当我们学生有犯错、挨师父批评的时候，我跟常济法师两人就站在师父的背后挠她痒痒，一挠痒痒，师父噗一下笑出来了，我们就跟她讲师父您太吓人了，也缓和了当时那种严肃的氛围，我们知道师父慈悲，凡是挨师父骂的人都是师父最喜欢的人。

师父的言传身教，还体现在梵呗的教学上。师父手把手教我们敲铛子、敲引磬、敲鼓、敲木鱼、敲铪子，把口诀都教给我们，所有这些我都记忆犹新，到现在都还背得很熟。师父常对我说："引磬要拿到跟嘴巴对齐，不能过高，也不能过低，要竖直庄严，这叫对口引磬。木鱼要与胸口齐平，叫合掌木鱼"。有时候铛子太重，我们就挂起，师父就对我们说："铛子要照面孔，不能超过头顶，也不能放到嘴边，这叫照面铛子。"这些点点滴滴都是师父的教导，也一直是我们学习的典范。

她从来不落下任何一个早课和晚课。在进修佛事方面，师父总是自己带班，除此之外，各种法事活动，无论是大型法会，还是平常小型佛事，她都会亲临到场。尤其是大型法会时，她会观察学僧们僧装是否整齐、站拜时有没有站直、两手是不是合十好了等，她会仔细观察、留意许多细节，力求每一位学僧都能在法事中做到精准。除了早晚课之外，老人家经常在自己房间里面诵经，在正常的佛事外经常自己用功办道，严持戒律。师父平时言语不多，每次讲话大多是关于工作的事情，比如教导学僧经念好一点、地扫干净一点、木鱼敲好一点、字写好一点等，她从来不讲七七八八的是非话。师父身为老师，身教胜过言教，我感触很多很深。

在生活上，师父非常节约。我记得师父有一件银灰色的僧装，原是她“文化大革命”时穿的俗家衣服改的，一直穿着没舍得扔掉，破了就缝缝补补再穿，前后整整穿了七年。另外，还有一件事情，让我对师父的节约记忆尤深，我们经常看见师父将前一天晚上剩下来的饭菜，第二天在锅里热一下又吃。这些细节都给我们带来很深的触动。

除此之外，师父的个人修为品德也令我敬佩，终生不能忘。我们有时候产生思想情绪，有了烦恼，碰到一些事情会计较。偶尔我们会将这些烦恼向师父倾诉，师父总是站在不同的角度，劝导我们换位思考，给我们解释，循循善诱地开导我们。师父处事很公正，如果这件事情你错了，她会给你讲道理，让你心服口服，还会引导你认识自己的错误，从自身找原因，并劝我们精进修行。

对许多具体事务，师父都身体力行。师父晚年进入慈修庵，那时候慈修庵刚开始恢复开放，期间有许多事务要做，师父都不辞辛劳，亲力亲为。比如泥水工在干活时，我和大师兄去帮忙，把桶里拌好的水泥沙子拿到施工处，我们俩人拿不动时，师父会亲自过来帮助。那时候她已经60多岁了，在修建寺庙时还总是亲自干活，一心为寺院，这样的情况很常见。

20世纪90年代后，师父到了万佛阁。刚来时万佛阁十分破旧，只有前面几间民房，后面几间老房子。师父发愿重建万佛阁，以便为僧众打造一个清净的佛教修行场地。荷花虽好，也要绿叶护持。在种情况下，师父慧眼识英才，培养了性康法师，就像伯乐识千里马。在这几年当中，师父和性康法师让万佛阁从一个破落寺庙变得有如今这般气派规模，真是我们上海佛教尼众界的骄傲，这是一件大喜事。

师父的这些事迹，我一直挂念在心，也一直以师父为榜样，我在接管自己寺庙过程中，经常会想到师父老人家点点滴滴的教导，也会遵循她老人家的足迹去做一些弘法利生之事。我相信佛学院尼众班出去的第一届到第三届，凡是见过师父的同学、法师们都会记得师父的谆谆教导，都会在各自的寺院，在各自的岗位上，按照师父的教导去履行自己的职责，为上海佛教尼众界的发展贡献各自的力量，谢谢大家！

性康法师：这些都是我们和师父相处时发生过的事情，是日常生活中的点滴，非常真实。

妙清法师：很多事情刚刚常明法师已经讲了。不过我还有一点补充。我当时和传德法师、如意法师住在一个房间，那个时候她们两人经常生病。每次她们生病，师父都十分操心，即使是在深夜，师父也亲自去看她们，为她们请医生，帮她们祈祷念经，这些都是我亲眼所见，为师父的关怀备至而感动。

我在慈修庵六年，六年如一日，看到她关心每一位学僧。每当有人生病时，她都无怨无悔地照顾她们，我很感动。而且现在我看到生病的人痛苦，自己也会感到难受，这也是受师父精神的影响，我后来学习扎明针，希望能够帮助患病的人减轻一点痛苦，师父的这种精神我永远都记在心里。

常济法师：各位同学、法师、居士，大家上午好。我在慈修庵生活四年多，之后跟随师公去了沉香阁，所以算起来，我跟新量师父一起生活了四年多。我记得在去年师父圆寂的当天，一位居士告诉我说，师父可能不行了，我就打电话给信弘法师，约定我们一起去看望师父。所以我们见了师父的最后一面，当时就只有我们两人，那一幕终身难忘。在此有机会追念新量师父，也感谢性康法师创造的机缘。

师父给我的印象既慈悲又严厉，甚至有点让人害怕。因为我小时候比较内向，所以看到师父既想亲近她，又怕她。为什么说师父是既慈悲又严厉呢?下面我举几个例子。我刚来的时候跟厨房阿姨天天早上去菜市场买菜，没有机会跟你们一起做早课，好不容易有一天可以跟师父们一起做早课了，早上急急忙忙忘记换鞋子了，被师父看到我穿着拖鞋在大殿里，师父没当场批评我，只跟我说换掉，那时候我感觉到了师父的慈悲心。还有大家应该记得，我们读书的时候一个房间是12个人，有一天早上我们全都睡过头了，没有起来做早课，师父看没有人来做早课，就到我们房间来了，她到来后并没有严厉责骂我们，就喊了一声“起来了”，那时候我也感觉到师父很慈悲。她在严格要求的同时，也对学僧有着深切的爱意，这些我们都能感受到。

还记得有一次，我们毕业了，那时候慈修庵佛事很多，每天好像有好几堂法事，老知客安排我念经，师父让我敲木鱼。我记得很清楚，当时是念《金刚经》，她让我敲，我怕得不得了，手抖，浑身发抖。师父跟我说："没关系，你敲。不要怕，你敲不下去我接"，然后我就敲了。记得当时我敲着敲着也不再害怕了。还有，师父教我发小蒙山，因为要做手印，手很抖，师父就手把手教我，直到我能够熟练掌握为止。这些点点滴滴都体现着师父对我们的慈悲和关爱，她既严厉又慈悲，希望每一位学僧都能非常优秀。

还有很多事情可讲，因为下面还有许多位法师要发言，所以我就先讲到这里。

性康法师： 刚刚常济法师讲的那个办公室，也就是师父曾经住过的地方，在一个楼梯口处，当时师父就住在那里。因为那里也是我们上下楼梯的必经之路，又是木楼梯，会发出很大声响。还有，那时候吃饭要摇铃，发东西要摇铃，包硬币也要摇铃，一摇铃大家都下来了，铃铛紧靠师父住的那个楼梯口，那种环境下她能安稳休息吗？即便在这样的环境里，师父也从来没有怨言。她房间里还有另外一位老师父，那位老师父很喜欢睡觉，但师父的睡眠很轻很少，她每天要承担很多寺务，还要教育学僧。在她的心目当中，学僧就像她自己的孩子一样，需要呵护、护持着一点点长大。师父时时刻刻想着学僧，有时碰到学僧，就让学僧先唱一段无相传，她听着，听到不对的地方就纠正，就这么见缝插针地教。这些点点滴滴，都是我们学习的榜样，虽然我们现在也时常感到辛苦、劳累，但是比起师父那时候，我们条件好得多了。

正兴法师：我是尼众班第二届学僧，跟师父接触的时间比较短，那时候我年龄也小，许多事情都记不太清楚了。但是有一件事情，我至今难忘，每每想起来，心中都有无限感恩之情。有一段时间，我身体不好，一直卧病在床，甚至危及生命，那时候师父对我很照顾，不仅照顾我的身体，还一直为我祈祷念经。病情好转后，师父也还记挂着，日后也时常问我身体状况，十分关心，我很感动，也十分感恩。

妙相法师：尊敬的学长、法师、居士，大家好。新量师父是去年阴历七月初一圆寂的，我当时一听到消息，马上就从崇明奔来上海，到了上海之后，我心里非常难过。至今许多往事都历历在目，我们深深地缅怀她老人家。

刚才听到各位学长们都谈了师父为人处事的故事、慈悲为怀的事迹，将她视为我们学习的榜样，我也和老同学有同样的感受。我一看到师父就感到慈悲、威严。回想起来，慈修庵地方很小，在这样的寺庙里办一个学校并不容易，那个时代一些老师父呕心沥血、无私奉献，所以才能有今天。想想看，那时候因为师公比较忙碌，经常开会，具体工作都落到新量师父身上，师父需要管理那么多事务，为尼众班事务操劳，真是很不容易。

师父内心一直非常喜欢我们，同时又对我们要求很高、很严厉，她希望每一位学僧都能很优秀。因为师父的严厉，我们都有点敬畏，想亲近又不敢亲近。刚才同学们也说了，她的法器梵呗，在上海尼众中是佼佼者，独一无二的。有幸能得到师父的教诲，也是我们的荣幸。我记得平时做法会敲法器时，师父教我们要诵经，诵经之后要绕佛，绕佛后每个人都要坐在拜垫上。必须这样，这些程序都安排就绪之后才能开讲。每个人都讲，那个时候我们都感到很紧张，但是师父还是从容不迫、有条不紊地这样带领我们。有一个细节我记得很清楚，有一回她正在敲磬时，叫我过去，叫我坐得近一点，我那时候对师父有些畏惧，不敢离她太近，但师父非常慈悲，叫我不要怕，让我坐在她旁边。回想起来，仍能感到师父的亲切，对学僧的爱护。

师父做事情很认真尽责，每次只要她亲临法会，一个法会做下来之后，她整个人都瘦了一圈。她多么地辛苦我们不得而知，总之忙忙碌碌的都是她的身影，让我们很感动。刚才正兴法师说了她生病的事情，常明法师和妙清法师刚刚也说了，只要有一个同学病了，师父都很关心，她总是第一个去看望照顾。不管寺院里多么忙碌，师父都以身作则，慈悲为怀，关心爱护小一辈，这是值得我们学习的。

师父那个时代，各方面条件都很艰苦，在极其艰苦的条件下还能把佛学院办好，把寺院管好，还能让佛学院和寺院融合在一起，生活一体化，学习一体化，常驻僧和学僧就像一家人一样，非常难得。师父那个时候除了在慈修庵当维那，也主持万佛阁的事务。那个时候她已经是六十几岁的人了，两头奔波。为了慈修庵，也为了万佛阁的恢复，十分辛劳。那时候的万佛阁，一切都要重新开始。单单从建寺院来看，就真的很不容易，师父有吃苦耐劳的精神和坚定不移的毅力，最终将万佛阁的重建工程落实，这也鼓舞着我们后辈要吃苦耐劳，学习她的奉献精神。另一方面，那时候佛学院条件这么艰苦，还培养出这么多优秀人才，多亏了像师父这样以身作则、谆谆善诱的教学精神，她的无私奉献精神值得我们深深的缅怀，她的精神也时刻鼓舞着我们。我们现在这批人也要像老师父一样，负责任地把后辈学僧尽心培养好，把我们的工作做好，把寺庙管好，把人才培养好，这也是对师父最好的回报，也和我们今天的主题相应，深深缅怀、无限感恩师父为我们留下的精神财富，感恩师父，谢谢！

体圣法师： 各位学长、法师、居士，大家上午好。今天在这里追思、缅怀师父，也让我想起令人怀念的学生时代。我是1988年进入慈修庵的，1989年正式读书当学僧。1988年时提前过去，就是挂单的。我过去是在九华山住在小庙里，不是大众尼。一个小庙就是一个师父收一个徒弟，只有我跟师父两个人。日常就在山上砍柴挖地，帮助小庙做些事务。1988年刚来慈修庵时，我刚从山上寺庙下来，对都市的寺院仪轨还不是很懂，很多修行、做事的规矩都不懂，比如怎样烧香、拿拜垫、插花等，因此也出了很多笑话。

当时师父在慈修庵是照顾早晚课的维那，还要兼顾一些佛事、法会的活动，比较忙碌。但即便如此忙碌，细心的师父还是发现了我，知道我许多事情不懂，有时候就会出现一些很尴尬的事情。每当这时候，师父便会走到我身边，很慈悲、很亲切、很和蔼地对我说：“不要紧，你不懂可以慢慢地学习”。后来师父让我担任了慈修庵的香灯师，她说：“你做这个工作以后，你一定什么都会懂的。”所以我就从做香灯开始，烧香、点香，在菩萨面前点香。慈修庵地面很潮湿，每逢黄梅季节，香也会回潮。回潮后的香是软的，是弯的，我们插的时候只顾底下齐了上面就不管了。后来师父发现了，就会走到我身边来说：“香不能这么插的，那个弯的地方应该朝前面，不能朝着人。”师父就这样一点一点教我，还有比如拿拜垫，我最初不会拿拜垫，经常会闹出笑话，那个时候师父也手把手教我，一点一点告诉我怎样拿拜垫。师父也教我插花，她说：“当香灯师要做插花、开台子、扫地。插花时要爱护长柱上的瓶子，同时保持大殿上的法器不能倒，要很细心、很小心。”所有这些，师父都一点一点地教导我。

我刚来的时候，法器也不会，敲小木鱼、大木鱼还有大殿维那等，我都一窍不通，回想起来要感恩师父，还要感谢我们在座的学长。当时师父告诉我，出家人要学好这些，要传承佛教的这些法事活动，早晚殿堂的法器要学好、打好。这对我来说有些难度，在整个学习过程中，学长们都很帮助我，所以十分感谢。我记得一个细节。有一次师父点着我去带班，我跟师父说我不会，她说你不会，慢慢学习就会了，你不尝试怎么会呢。我跟师父说，我不会通文书那怎么办，师父说，今天我帮你通文书，明天我就不帮你了。师父就帮我通文书，通上文书后，她说你明天还来带维那，到时候我就不帮你了。她说你一定要自己学，这样慢慢就学会了。

刚才有学长笑我了，因为有一次师父追着我，我一直没有拿这个细节跟大家说，现在分享一下给大家。那时候我觉得师父对你们都很好，唯独对我很严厉。因为师父老是让我干活、做事。师父总是说：“体圣，你把那个台子扫一扫，”于是我就开台子。开了台子以后，师父又让我把别的事情弄一弄，每次都是这样，她叫我做这个做那个，干这个干那个，做了三次之后我就不愿意了。因为我那时候很年轻，没有耐性，所以就有些不耐烦了。我跟师父说：“为什么那么麻烦的事情老找我？”师父就说：“体圣你这个人怎么这么怕麻烦，这么嫌麻烦，你怎么发挥作用的！”有一次我把这些事情悄悄跟别人讲，被师父看见了，她就走过来。我以为师父是想要来打我，就立马逃跑了，师父就追着，从慈修庵的楼上两个房间，到学僧宿舍，追了我三圈。后来我停下来，因为师父毕竟年纪大了，我担心师父有差池。我知道师父不会打我，就算打也不会打痛的。但是我一看到师父就想逃，师父一看到我逃就追，当时情况就是这样。停下来之后，我跟师父说：“别追我了，我肯定会有错的，金无足赤人无完人。”师父听了我的话以后，你们猜师父跟我怎么说，她说：“体圣你不要怕麻烦，等到以后，你就全明白了。”

常明法师： 师父追来追去，送给你一个金元宝。

体圣法师： 真是那样，回头想想，我刚开始什么都不会，敲大木鱼、小木鱼、放蒲扇，早晚课的维那、小服侍的维那等，我都是在慈修庵跟随师父学的。我虽然不是天生好学的人，但是一想到老长辈不畏辛苦、不畏疲劳地教我们，我就下定决心要好好努力。所以今天才能够学有所成。

我们怀念师父的同时，我感恩今天学长提供的这个机会，想借这个平台，在这里也说说我的心里话。除了感谢师父之外，我也感谢各位学长，我记得每次学长看到我不会做事了，就前来提醒我帮助我，比如在做维那时，克莲法师看到我哪里忘记了，她就帮我点一下。还有性康法师，当时是我们尼众班的老师，许多教诲也让我受益终生。感恩师父，感恩学长！

性康法师： 谢谢体圣法师！下海庙住持圣缘法师，她既不是尼众班第一届也不是第二届，她是我们的高届。尽管寺院事务繁忙，但听说今天是追忆新量长老尼座谈会，圣缘法师立即就答应前来参加。在此，我非常感谢，下面有请圣缘法师为我们发言。

圣缘法师： 各位法师、居士，大家好。我是1990年来到上海的，当时读复旦的佛学班，住在云居庵。那时候我们也经常听别人讲到新量老师父，说新量老师父多么好、多么慈悲等。今天听到同学们很深情地回忆在老法师身边时发生的点点滴滴，确实令我感动。我觉得这位老法师不仅是一位严师，更像是一位慈母。她在佛教修行、培育僧人方面都很优秀，令人钦佩。而且她身教重于言教，这一点是我们后辈徒子永远学习的榜样，在我们每个人管理寺院的工作中，比如怎样管好寺庙，怎样团结寺院僧众等，老法师的精神是我们的指路明灯。

我在沉香阁的时候，曾经跟随观性法师每年到万佛阁给老法师拜年。新量老法师每次见到我，都关切地问我近况如何、在沉香阁是否习惯、是否需要帮忙之类，十分体贴。每次想到这些，我心里都很温暖，让我很感动。我观察到老法师言语不多、举止威严，平时生活很简朴。即便年岁已高，她还是大木鱼、小木鱼不离手，虔心念佛，这跟她平时的熏修有很大的关系，老人家这平时的熏修有很大的力量。

我记得后来去探望新量老法师时，寺院常驻对老法师说，有位法师来看望您了，她笑笑，然后马上又开始念佛了。最后一年，听说老法师走了，我也特地赶过来。在我心中，新量老法师是我们后辈的楷模，像她这样精进修行、师范后学的老法师并不多见，不愧为我们这么多同学们念念不忘。所以前几天性康法师跟我一说今天的座谈会，我就立即应允了。虽然我没有跟老法师一起生活过，但是听你们讲了这么多和老法师在一起生活的点点滴滴，那么深刻，确实令人感动，也令人深深地怀念。

性康法师：感谢同学们诚挚的回忆和分享，我们通过这次座谈会，真实地重温了与老法师曾经一起生活过的点滴事迹。能够再一次聆听新量师父的教学事迹和生活点滴，非常珍贵难得，我们祈愿师父慈悲为怀、教育僧众的精神能够为更多佛教四众弟子学习和传承，同时，我们自身也要学习师父，以她为榜样教育后辈学僧，将她慈悲为怀、利益众生的精神传承下去。

礼赞篇

古城墙上佛韵长

——明代古刹万佛阁探访

黄淮新

在上海，提起著名的寺院，人们立刻会想起龙华古寺、静安寺或者玉佛寺，这些都是由男性住持打理的宝寺古刹，但要提起女尼掌管的有名的庵院，恐怕就有些生疏。

其实，在奉贤区幽静的小镇上，就有一座起源于明代、迄今有 600 多年历史的比丘尼道场——万佛阁。但是外界知道它的人似乎并不多。一方面，人们容易将其和五台山与常州的“万佛阁”搞混；另一方面，作为一座女尼掌门的庵堂，它的确比一般寺庙更为清静低调，因此，不为外人所知，似在情理之中。

依城傍水别有天地

万佛阁坐落在古奉城的北门，南接深深的古奉城北街，北临静静的浦东运河（古时北城河）。它的来历颇有些传奇色彩。明洪武十九年（1386 年），为防海上倭寇入侵，信国公汤和大将军督筑奉城城墙，将原有的万佛阁就地重建于月城湾内，这样，万佛阁从一间默默无闻的乡间小庵，一跃成为规模宏大的比丘尼道场。

据称，万佛阁落成时，“环垣踞堞，面山枕流，胜境之妙，冠于诸刹”。人们至今津津乐道于“先有万佛阁，后有奉城镇”的说法，就是说，这座万佛阁足足见证了这座古老城池的成长。历史上在清朝的乾隆时期和民国时期对万佛阁都进行过重修。但在“文化大革命”期间曾一度被毁坏，1989 年又得以重建。

对于外界，万佛阁始终是低调的，而且也还真不容易找到，几乎是淹没在周边一片民宅里。但是走进去，就会觉得别有洞天，仿佛进入了一个截然不同的清静世界。万佛阁南是山门，北连城楼，它那建于护城河边、古城墙之上少见的建筑样式，让人内心为之一震！

如今被定为奉贤区区级文物保护单位的万佛阁由万佛楼、钟楼与鼓楼组成。万佛阁的建筑富有特色，依城傍水，由低渐高，大殿的铅状套式梁木结构镶接缜密，浑然一体，堪称古建筑中的一绝。

置身其中，雕梁画栋，层层叠叠。各个建筑之间并不孤立，有廊道连接，左右逢源。山门进去，南北向的中轴线上，依次是天王殿、大雄宝殿、万佛楼、古城墙。东轴线上设有念佛堂、钟楼、佛学尼众班教室、禅堂、斋堂；西轴线上则为大悲殿、延生堂、鼓楼、往生堂、客房、寮房等。那种巧夺天工的设计、精密繁复的布局让人心生赞叹。

尤其特别的是，后法堂楼阁即建在古城墙上。高高的城楼上，经典的重檐歇山式建筑赫然在望。刹内建筑沿着城墙连片连排，一湾护城河盈盈一绕，古色古香，佛韵悠长，令人一发思古之悠情。

新量法师修行一生

提起万佛阁，就不能不提起一位女主持——新量法师。她是一位生于1920年的老人，深受众人爱戴。新量法师是上海南汇人，5岁即在万佛阁出家，24岁时便掌管万佛阁，可以想见这是一位多么有能力的女尼。新量法师写得一手好字，书法功底了得，万佛阁尼众争相收藏她的墨宝。万佛阁电梯落成时，她专门题字“万佛电梯”四个大字，雄浑含蓄，气象庄严，流露出书法家的底气。如今这块匾额就挂在电梯边上。据万佛阁的女尼介绍，新量法师还有一副好嗓音，听她说法是一种享受。

“文化大革命”期间，万佛阁遭到了空前的劫难。新量法师曾亲眼目睹万佛阁内的陈列摆设被砸烂摧毁。接着，她与众尼被从寺院中赶了出来，还被要求所谓“还俗”。新量法师被迫在一个染厂干染纱的苦力活，非常辛苦，这样一做就做到退休。幸好，周围的邻居对她还比较照顾，总算熬到了“文化大革命”

结束。

1989年，万佛阁在新量法师的住持下恢复开放，重获新生。那年她已70高龄了。1994年3月27日，举行了明肠、真禅长老为万佛阁佛像开光暨新量法师荣任住持的盛典。新量法师还参加了奉贤首届佛教协会。1998年9月12日，觉醒、照诚、荫远诸位法师为万佛楼的重建举行了隆重的奠基仪式。新量法师的得意弟子性康法师为完成老法师的心愿，带领全寺尼众及广大居士共同努力，对于工程做到每个细节都不放过，练就了一双“火眼金睛”，为万佛阁付出了大量的心血和汗水，让万佛阁最终得以新貌示人。2003年11月2日，万佛阁举办了盛大隆重的万佛楼落成典礼，并由觉醒、照诚、妙灵、心田、观性等长老为佛像开光。

新量法师常常教育弟子：一个人做事要专心，才有可能成功。

晨钟暮鼓重获新生

出家人修行，其实都有着严格的清规戒律，并不是那么容易的事情。在万佛阁内走走看看，会发现这里一切都显得秩序井然，有条有理。在院子里的黑板与墙报上，有十分详细的活动预告以及女尼们严格的作息时间表。比如清早3点45分至4点即是起床的时间，其间还有非常紧凑的打扫、做早课、诵经、念佛、自修、做晚课等诸多事项，而晚上10：00则是雷打不动的养息时间。这种有规律的生活是比较健康的，但是对于平常人来讲，出家人的生活实在是够清苦的。或许就是这样严格有序的戒律，让万佛阁的一切变得井井有条。

万佛阁目前也是上海佛学院尼众部所在地。为使万佛阁后继有人，新量法师于1998年9月1日创办佛学尼众班，引领青年法师精进修学。现在万佛阁内有常住僧尼30多位，常年会举办一系列法务活动。万佛阁也吸引了许多社会人士在此禅修，伴随着晨钟暮鼓，伴随着梵呐清音，吸引着越来越多的海内外善男信女近悦远来。

礼赞万佛阁

祁志祥
上海财经大学中文系教授

从市中心出发，经过卢浦大桥，驱车一小时左右，就来到了坐落在奉贤古镇奉城镇镇北的尼众道场“万佛阁”。

得知一批学者、教授等前来参观，监院性康法师带着一行尼众早已在山门迎候。尼庵前是低矮民居的小弄堂，简陋的山门似乎并不气派，身材不高的性康法师初看也很普通，但是，我们在路上就听介绍说，新建的万佛阁就是在她手中完成的一个壮举。

果然，穿过建于民国初年的老佛殿，眼前顿时一亮：那是新造的万佛楼和钟鼓楼。万佛楼居中，坐北朝南，为三层木式建筑。左右两侧分别是鼓楼和钟楼。钟鼓楼镶嵌在二层裙房中，并有走廊与万佛楼主楼相连。整体布局轻盈灵巧，通透古朴，贯连而起伏，秀美而大气。在上海的众多佛教寺庙里，堪称推陈出新，别具一格。

万佛楼前的庭院里，屹立着一座“佛陀诞生”音乐喷泉铜像，佛陀一手指天一手指地，伫立于莲花座上，在悠扬的梵乐声中，环绕的九龙口喷九股细泉，为佛陀沐浴净身。这一极具创意的铜塑，既有佛典涵义，又有观赏价值，大家围绕左右，赞赏不已。

万佛楼的底层是三圣殿，二楼是藏经楼，登上电梯，来到三楼，便是万佛阁的精华万佛堂。只见四壁排满了层层叠叠的鎏金小佛，在万佛的簇拥环抱中，便是一尊巨大的主佛——毗卢遮那佛。“毗声遮那”是“光明普照”的意思。佛典用来称释迦牟尼佛的真身。主佛流光溢彩，神态安详。底座是鎏金的硕大莲花。在每一叶花瓣上，镶嵌着一尊佛像，共 365 尊，寓意一年 365 天，天天有佛。主佛与万佛相互辉映，金碧辉煌，一片光明。站在堂内，仰视大佛，你的灵魂会受到震撼，你的精神会受到洗礼，你的情感会得到净化。

上海的佛教寺院现有 80 余处。毫无疑问，万佛阁是上海尼众道场中的佼佼者之一。说起万佛阁的历史与重建经过，性康法师如数家珍。她说，新的万佛楼是在师父新量住持的推动、感召下完成的，她所做的一切只是为了实现新量法师的一个夙愿。

早在民国十三年（1924），5 岁的新量法师便来这里出家入庵。24 岁时，她升任住持。正当她准备将全部身心投身万佛阁的发展事业时，日本侵略者的铁蹄踩踏进来，万佛阁一度风雨飘摇。新中国成立后度过了一段相对平静期。“文化大革命”爆发，佛像被劈烧，寺庙被占用，包括住持新量法师在内的 30 多名尼众被强行还俗。这是万佛阁历史上遭受的一场大劫难。“文化大革命”结束后，直到 1989 年 6 月，万佛阁才修葺后重新开放。目睹百孔千疮，新量法师矢志重建万佛楼，振兴这一历史悠久的尼众道场；然而由于她已年过七旬，这一艰巨任务的具体操作，就落到了弟子性康法师肩上。性康法师至今回顾那段往事还感慨万分：当时寺院账上只有 30 多万元，而仅主楼的招标就要 400 万元，尚不包括两侧的钟鼓楼。最后性康法师决定亲自参与设计，自己进料验货，自己监理施工，借助当地政府的协调、支持，通过信众的认养捐助，募集资金，精打细算，节省着每一分钱，仅花 400 万元就完成了全部工程的建造。工程于 1998 年农历 9 月 12 日奠基，2003 年农历 11 月 2 日落成。上海远郊的佛教建筑中又添了一座很有特色和魅力的胜迹。谈起那几年的辛苦，真是“一言难尽”。然而，性康法师说，看到终于完成了师父的心愿，听到信众与来宾的赞许，想想还是值得的啊！现在山门的扩建工程已在规划中，万佛阁的明天一定会越来越美好！听完介绍，大家对为尊师践愿、呕心沥血、勤奋能干的性康法师肃然起敬。

我们在万佛楼前庭院前见到了新量法师。87 岁高龄的老师太，神闲气定，身体硬朗。合影留念后，她赠给我们每位来宾一把折扇，上有其亲笔手书：“无上清凉”。辞别万佛阁时，大家都赞叹不绝，不仅礼赞万佛楼的秀美、万佛堂的辉煌，而且礼赞新量、性康师徒毕生献给佛门事业的虔诚，礼赞她们为重建万佛楼而表现出来的顽强毅力与执着精神。

精进修持　道心坚固

——记尼众界优秀代表、奉城万佛阁主持新量法师

徐均南（本文撰于 2006 年）

年已 87 岁的奉城万佛阁主持新量法师，是上海尼众界的优秀代表。她一生刻苦自律，精进修持，慈悲喜舍，道心坚固。

一、5 岁出家，18 岁受戒

新量法师于 1920 年 9 月出生在上海奉贤三团港的一个贫困农家，俗名顾桂珍。4 岁丧母后，任凭父亲千辛万苦种田，也无法解决一家七口的糊口难题。小桂珍上有五个哥哥和姐姐，她是家中最小的孩子。1924 年收成又不好，交上田租和杂税，所剩无几。她父亲终日愁眉不展，苦日子一年不如一年。饥寒交迫中迎来了 1925 年特别寒冷的春天。为了给小桂珍找条生路，父亲与姑母商定，将 5 岁的小桂珍送到奉城庙里。那天清早，父亲为小桂珍烧了碗玉米粥，给小桂珍穿上最暖和的姐姐穿过的老布棉袄。然后父亲将小桂珍驮在背上，一声不响，向着奉城方向走去。三团港到奉城约有二十多里路，小路曲曲弯弯，小桥高高低低。春风刺骨寒冷，老半天，才走到奉城北街，来到了万佛阁的门口。他轻轻地推开了庙门，走进门口，解开缚在腰前的被角结，将背上的桂珍轻轻的放在地上，又转过身来，用手指理了理桂珍的头发，跟旁边庙里的人讲了点什么，又看了看桂珍，然后一步跨出庙门口。庙门慢慢关上，父亲走了。小桂珍由庙里的师父抱着、哄着，就此在万佛阁出家了。

在庙里，桂珍得到了了愚、又禅等师父的关爱，重新获得了“家”的温暖，师父们还给她起了个响亮的名字：新量。新量听话、懂事、聪明。10 岁了，师父们决定送她到奉城小学读书。在老师们的认真指教下，她识字、写字、读书、背书，进步飞快，仅用两年时间，就读完了四年初级小学的全部课程，同学和老师都喜欢她。12 岁起就跟着师父们下田学习锄草、种豆、摘棉花等农活。在庙里，各种杂事也样样都学着做，手脚也勤快。16 岁开始学做佛事，与师父们一起轮流执事。这时的新量已成长为一个沙弥尼了。

新量小师父的刻苦自律、好学上进，得到了师父们的好评。为了让她进一步精进修持，在她刚到 1 8 岁的一个春天，师父们决定送她去高僧云集的镇江

受戒。了愚师父亲自送她到镇江焦山定慧禅寺，敬请德进大和尚受具足大戒。那期受戒的有一百多人，其中女众就有近四十名。经两个月的刻苦学习、奋发自律，新量养成依律行住坐卧，决不杂坐，决不嬉笑，正身端坐，步行稳重。受戒成绩优异，深受德进大师的赞赏。从此新量名符其实地皈依佛门三宝，正式成为一个比丘尼。新量受戒回万佛阁后，参与执事，领班诵经，老实念佛，主持早晚功课和各类佛事。从那时算起，5 岁出家的新量老师太，迄今戒腊已长达 74 年，这在上海地区的尼众中，恐怕是凤毛麟角的吧。

二、以农养禅

百丈怀海大师曾创建了一套具有中国佛教特色的丛林清规。“普请法”便是其中之一。该法规定，寺庙内不论僧职高低，都要参加农业劳动，锄田除草、打柴挑水，等等。“一日不作，一日不食”，上下一心，农禅结合。新量师太一生，就身体力行秉承和实践着这一古训清规。

当时万佛阁有两大片田地，共二十多亩。近的一片田就在庙门外，远的一片田在三里路之外的奉城南六钦公塘南面。这么多田地就靠寺庙内的十多个师父辛勤耕作，春种秋收。主要种植棉花、麦子、黄豆、玉米等作物。当时了愚、又禅法师年事已高，就将管理寺庙的重担全压在 24 岁的新量法师身上。每逢春种秋收大忙季节，新量法师总是带领大家迎着曙光上田，背着月亮回院。中饭吃在田头。为了抓紧时间，不误农时，还在钦公塘外的田里造了间“种田屋”，可在屋里做饭、吃饭，还可放置各种农具。那一年，风调雨顺，庙里种的十二亩棉花获得空前大丰收。新量与老师父们一起决定把出售棉花所获的资金用来修庙。于是新量法师四处奔走，纠工庇料，将三间庙房全部修缮一新。

三、爱国爱教

新量法师爱国爱教，热爱和平。在她这一生中，见过国民党军队欺压百姓的种种行径，见过日本侵略军炮轰奉城，炸毁城内民房、孔庙等建筑，杀害我同胞的罪行。1949 年，几十万解放大军路过奉城，但秋毫无犯，还帮助老百姓家挑水打扫。新量法师见此情景，前后对比，天壤有别。日本兵来时她带领师父们四处逃避躲藏，如今解放军来了，她带领师父们一下子赶做了二十多双草鞋，送到解放军手里，好让解放军穿上草鞋追击那些反动派军队。在恢复宗教活动后，她得知抗洪前线救灾中，有解放军战士牺牲了，她就写好牌位，召集尼众为其超度，以示一片爱心。

四、一生持戒不懈

1949 年后，庙里的土地由政府统一重新划分，师父们一个个被动员回本乡本村。新量法师被分配到奉城手工业社，在缝纫、染坊等部门上班。当时社会上听不到晨钟暮鼓……但新量法师还是坚守戒律。

在染坊和缝纫门市部已经工作几年了，她还坚持剃着光头。不管人们带着异样的目光看待她，她静心应对，做好工作，上班比别人早，下班比别人晚，还帮助别人装卸排门板。年终评为先进。女人们穿的花色衣服她不要，她穿的是素色的青年装、中山装。天冷了，头上戴个解放帽。“四清”运动到来时，“风声”紧了，她无奈留了短发，理了个短发西装头，比男人们的头发还短。在被分配到手工业社工作起，她就将分配在农业生产队的从悲法师请来，住在她一屋。当她在工作中与大家打成一片后，就有几个好心人劝说她找个伴，成个家。她却心平气和地一概回绝了。当给她作介绍的人听不进她的回复时，她就重重地顶上一句：我的伴早已定了——是比丘尼从悲法师；我的家也早已有了——就是与从悲法师同住的几间庙房！这以后那些“好心人”再也不提那事了。她铁了心肠，刻苦持戒，一日三餐就跟从悲师父一起自烧自吃——坚持素食。几十年过去了，尤其是“文化大革命”期间，顶住了各种风浪，坚守着出家人独身、素食等传统要求。她还与从悲师父一起早晚念经，长期坚持老实念佛。她从不杂坐，从不嬉笑，以戒为师，慈悲喜舍，乐于助人。当她从手工业社退休后，还积极参与公益劳动，与几个老年人一起，义务上街打扫街道，坚持了数年。

五、春华秋实

“文化大革命”结束后，国家迎来了改革开放的春天。宗教界人士无不欢欣鼓舞。1984 年，新量法师被上海市佛教协会请到了慈修庵（她事先征得从悲师父的同意，将年迈的从悲师父安顿好）。在慈修庵，她与观性老法师一起，发心重振佛教道风，坚定佛教信仰，加速培养佛教新人，发扬爱国爱教优良传统，实践庄严国土、利乐有情的佛教理念。新量法师在慈修庵出任维那师，她严格寺院制度，共修早晚功课，静心念佛，主持各类佛事，如法如仪。还与观性法师一起在慈修庵开办了尼众佛学班。她空余时间还参与各种杂事，成为女僧们心中的榜样。很多居士崇敬她。有人在写愿时，特意请她书写自己的名字，赞赏她毛笔字写的古朴而秀美。1986 年，她成为市佛协理事，以后就更加专注于培养佛教新人，时刻关心小师父们的成长。当有小师父病了，她叮嘱要早去看病用药。有时夜深了病人未归，她再晚还会等候着，直到病人回归，还要嘘寒问暖，关怀备至。当时尼众班设在二楼上课，而晾晒的衣物却在三楼，风雨来临时，她会主动上楼帮助收拾看管。这让寺院学员们深感寺院“大家庭”的温暖。在慈修庵，她的慈祥容颜、如法仪态、威仪举止，获得了众多居士的敬爱。很多居士心存欢喜，欲拜新量法师为师父，有的甚至在以后从市区追随到郊区寻访她。

六、重修万佛阁

1990 年，她遵循奉贤宗教科领导的指示，回奉城万佛阁，着手恢复宗教活动。当时的情况是尼众早已失散，经费一无所有，庙房被安排给 28 家居民居住。但她急而不慌，忙而不躁，相信有政府支持，有信众拥护，更信佛教有自身的力量，事情总能一件件办好。当众人得知新量法师回归奉城万佛阁后，首先赶来的是失散多年的梅仙、龙海等老师父。她们自带衣被，决心与新量法师一起，恢复宗教活动。夜晚，地上摊平稻草，铺上被子，用竹竿把门撑好，就在简陋的房子里睡觉。清早起身摺被、收拾稻草、打扫地面，照样早晚功课，天天念经。接着县政府有关部门拨了款，市佛协和玉佛寺大力支持，奉城镇政府及其他单位也伸出了援助之手。房管部门积极在外安排房子，让庙内居民一户户外迁。新量法师一家家走访，听取居民的意见和要求，并且及时与房管部门联系，尽量恰当安排，终于在一年内将 28 家居民居住的庙房全部收回。当时不少居士得悉新量法师已回奉城万佛阁，就驱车来到奉城，热心相助，慷慨解囊，尽心尽力地帮助万佛阁恢复活动。有居士见新量法师的居室地板十分破旧而潮湿，就建议更换地板，但她拒绝了。有居士见新量法师的居室非常闷热，就掏出 6000 元要给她的居室装上空调，但她不要空调，把钱留下，捐给建造万佛楼了。众居士见她不求个人享受，一心一意致力于恢复万佛阁的开放活动，于是更多的居士仿效她的作为，有的送来冰箱、桌椅、卧具，以及各种办公、生活用具。

香港的张居士出资要求请释迦牟尼和千手观音像，并为佛像装金。还有台湾的林小姐一次就资助 5000 美元。正当大家热情资助时，新量法师又带头捐资，其余法师和居士迅速跟上，一下又筹集了一笔资金，铸造了大殿前的万年宝鼎。随着房屋改造、装修，佛像开光，新量法师荣任住持，香火逐渐旺了起来。现任监院性康法师，原先就是尼众班的学员，她与新量法师真是有缘。就是她，当年在市区搜集香烛等各种佛教用品，然后打包，肩挑背驮地运到车站，乘上唐 4 线公交车运到奉城。在万佛阁恢复活动的重要时刻，性康法师发心跟随新量法师来到万佛阁常住，一心协助新量法师工作，新量法师也交给了她重任。万佛阁恢复宗教活动，香火旺起来以后，新量法师考虑到佛教事业应当后继有人，就在院内创办了尼众佛学班，并默默地把自己微薄的退休金积累起来的一万元钱捐助给了这个班级。在她主持下，万佛阁僧团的宗教活动正常有秩，结夏安居，布萨诵戒，早晚功课，一切健康正常。

如今万佛阁雄立，万佛堂辉煌，为古奉城增添了新风貌。一年四季进香礼佛的，参观拜访的，络绎不绝。而四众弟子，八方信众，无不对德高望重的新量老法师表示由衷的敬仰与尊崇，这位毕生献身佛陀事业，与万佛阁结缘 82 年的师太，无疑是大家心日中的楷棋、万佛阁的象征。

新量法师生平年表

1920 年　1 岁

9 月，生于南汇泥城（三团港）横港村顾氏家，俗名桂珍。上有兄姐 5 人，她是家中最小的一个。

1923 年　4 岁

此年母亲往生，家人在净心庵供奉母亲莲位，进行念佛超荐，以祈求往生净土。小桂珍紧跟着寺院师父们和家人一起上香礼佛。

1924 年　5 岁

由净心庵净船比丘尼引荐，出家于奉城万佛阁。住持了愚师公命弟子又禅师作为皈依师，选吉日为其剃度，取法名新量。

1928 年　9 岁

天资聪颖，了愚师公不忍埋没。此年送入奉城小学读书。

1931 年　12 岁

结束在奉城小学的学习，回万佛阁跟随师父们学习经典、研究教理、唱诵梵呗，并参加田里劳动。

1935 年　16 岁

由了愚师公为其传授沙弥尼戒法，成为如理如法的法同沙弥尼。

1938 年 18 岁

此年镇江焦山定慧寺举办传授三坛大戒法会，又禅师父送她到定慧禅寺受具足戒，依德进大和尚为戒和尚。同期受戒一百余人中，新量品学兼优、发心殊胜，得堂上十师及众引礼师赞赏和爱护。

戒期圆满后，得清静戒体，成为如法的比丘尼。

受戒毕，回万佛阁，继续修行生活。

1943 年 24 岁

得了愚师公授记得法，接禅宗临济宗第 48 代传人。同年由了愚师公推举为万佛阁住持，接管万佛阁管理事务。

是年，请雪相法师讲《弥陀经》。

1944 年 25 岁

是年，以万佛阁棉田收成所得用于殿堂修缮，使在战火中损毁之三宝得以修复。

此年在万佛阁开坛讲经，首讲《梵网经菩萨戒本》。

1945 年 26 岁

8 月，日本投降，举国欢庆。新量法师率万佛阁尼众举办超度法会，诵《地藏菩萨本愿经》《往生咒》等，超度在战争中无辜遇难者，祈愿和平降临，百姓安康，风调雨顺。

1949 年 30 岁

是年，父亲去世。

5 月，上海解放。解放军进奉城，组织常住为解放军编织草鞋。

1958 年 39 岁

人民公社成立。万佛阁尼众加入奉城人民公社（当时属于九队）。

1959 年　40 岁

开展多种经营。被手工业社分配至门市部作收发和缝纫等工作。

1966 年 ~ 1976 年　47 ~ 57 岁

十年浩劫，宗教政策遭到严重破坏，佛教同样遭受打击。寺院被毁，期间曾先后在奉城手工业合作社、高桥草绳合作社、奉城制镜厂等单位工作。然其私下依旧礼佛诵经、持戒茹素、严净毗尼，守持着各项律仪。

1979 年　60 岁

从工厂退休，依然住万佛阁旧址。在街道从事清洁工作，清扫大街和万佛阁庭院。

1981 年　62 岁

宗教政策渐渐得到落实。上海市佛教协会通过奉贤县宗教办诚邀新量长老尼为佛教事业再作贡献。

1983 年　64 岁

慈修庵开始修复，并逐渐恢复尼众修行活动。

1984 年　65 岁

观性长老尼入主慈修庵为住持。

应观性长老尼邀请，新量长老尼来慈修庵担任维那师，协助观性长老尼管理慈修庵。

是年，上海佛学院恢复，在慈修庵设女众部。新量任女众部监学。

1985 年　66 岁

8 月，奉贤县佛教协会筹备组成立，任组长。

1986 年　67 岁

当选为上海佛教协会理事。

1987 年　68 岁

当选为奉贤县政协第六届委员。

1989 年　70 岁

6 月，奉城万佛阁经奉贤县人民政府批准恢复开放。新量长老尼被礼请主持万佛阁寺务。精诚发愿，将重建万佛阁。

1990 年　71 岁

担任奉贤县政协第七届委员。

1991 年　72 岁

捐款救助华东地区遭遇特大洪水灾害的灾民。

1992 年　73 岁

性康法师来万佛阁，协助新量长老尼处理万佛阁寺务。性康法师原在五台山修学，后来上海佛学院尼众班，受新量长老尼青睐，毕业后决定追随新量长老尼，重兴万佛寺。

1993 年　74 岁

3 月，担任奉贤县政协第八届委员。

1994 年　75 岁

3 月 29 日，万佛阁初期建设完成。新量长老尼升座，荣任住持。由真禅长老、明旸长老等主持万佛阁佛像开光暨升座典礼。

1998 年　79 岁

3 月，任奉贤县政协第九届委员。

9 月 1 日，创办万佛阁尼众培训班，每期两年。前后共培育出 100 多名学僧。

农历 9 月 12 日，重修万佛楼奠基仪式隆重举行。由觉醒法师、照诚法师、荫远法师等主持奠基仪式。

1999 年　80 岁

为淞沪烈士纪念馆建设工程捐款。

2001 年　82 岁

担任奉贤区政协第一届委员。

2003 年　84 岁

3 月，任奉贤区政协第二届委员。

11 月 2 日，万佛楼复建工程正式竣工，举行开光仪式。

2006 年　87 岁

6 月 18 日，副市长赵雯一行 20 多人视察万佛阁。

10 月，退居。由性康法师接任主持万佛阁寺务。

2007 年　88 岁

3 月 28 日，上海市奉贤区佛教协会第一届代表会议召开，选举产生了奉贤区佛教协会第一届理事会。理事会礼请新量长老尼为奉贤区佛教协会名誉会长。

2008 年　89 岁

新量长老尼率领万佛阁尼众为汶川大地震受灾群众捐款，并举行祈福法会。

9 月，举行大雄宝殿与天王殿的奠基仪式。

2009 年　90 岁

10 月，新量长老尼九十华诞，弟子们为此举办精进佛七法会。

精进法会圆满当天，举行万佛阁大雄宝殿上梁仪式。

2012 年　93 岁

万佛阁大雄宝殿佛像金身完工。

11 月，创办万佛阁尼众律学研习班。

2013 年　94 岁

万佛阁大雄宝殿竣工。

2015 年　96 岁

8 月 14 日凌晨 55 分示寂。僧腊 91， 戒腊 76，夏腊 48。

8 月 20 日，于上海万佛阁三圣殿举行追思法会暨告别仪式。

11 月 22 日，示寂百天。万佛阁举行第四届大型慈善义诊暨“新量慈善功德会”揭牌仪式。

后记一

程云华
原奉贤区区委常委、区统战部部长

我的童年和少年时代的生活和学习一直在奉城。奉城是昔日奉贤县治所在地，有着悠久的历史文化底蕴，古城的十字街和那高耸的城墙，威武的四城门至今给我留下深刻印象，我对奉城这个江南古镇始终怀有一种特殊的感情。我儿时也曾去过万佛阁，那时的万佛阁显得很破落，没有生气。而关于新量法师的传奇故事，也早有所闻，其间不少是街舍邻坊的传闻。后来，“文化大革命”时期破“四旧”，祠堂、庙宇遭到不同程度的洗劫和破坏，新量法师也到奉城手工业社染坊门市部接受劳动改造，我也时常看到她。与新量法师的交往与沟通，那是在20世纪初我从事统一战线工作开始，在10多年的统战工作中，我认识了很多奉贤社会各界的精英，也从他们身上学到了许多可贵的品质，并且在与他们的交往中彼此建立了真挚的情谊，新量法师便是其中的一位。因为新量法师是万佛阁的住持，又是政协委员，也是奉贤宗教界有影响的代表人士，工作之需的会议、视察、走访等活动，我与新量法师接触多了，相互间的交流也多了，在了解了她的更多经历、处事和对万佛阁未来发展的想法后，油然而生一份敬佩之情。新量法师是一位信念坚定、戒行精严、道高德重、爱国爱教的比丘尼，她的人生坎坷多舛，饱经沧桑，富有传奇色彩。

新量法师5岁时，父亲把她送到万佛阁，从那时起，年幼的新量就与这历经600多年风雨的佛阁结下了深深的情缘，她的每一步人生脚印，都与这个社会和时代的变革息息相关，充满着艰辛和跌宕。生活就是一泓潭水，风风雨雨便是其不尽的源泉；人生犹如登山，不经历披荆斩棘的跋涉，是无法登及山顶的。而新量法师的人生就是一次漫长的风雨跋涉，她有一颗善良的心，慈悲济世，曾为人间的不幸祈祷和相助；她有着坚韧的意念，无论遇到什么样的困难和打击，始终坚守心中的那份信仰和追求；她待人接物谦虚谨慎，为人处世不谋私利，严以律己，宽以待人；她常怀感恩之情，以发扬佛教优良传统为职志，为广大信众树立爱国爱教的楷模。新量法师的高尚情操与崇高品德，是奉贤佛教界的精神财富，值得世人继承和发扬。

一个时代，一段历史，是以一代代人交替而延续发展的。一座百年古寺、千年古刹是以她特定的文化、特殊的经历和特有的建筑风格昭示世人。因此，我们希望万佛阁这段厚重的历史和新量法师传奇的故事，不仅以书籍的形式予以记载，更希望后人将这些历史所沉淀的文化与精神得以薪火相传。

2015年农历七月初一凌晨1时，新量法师圆寂，世寿96岁，我们为奉贤失去这样一位德高望重的高僧而感到惋惜，她的音容笑貌给我们留下了深刻的印象。值得庆幸的是新量法师慧眼识才，悉心培养了万佛阁新一代住持性康法师，使万佛阁这座古刹不仅成为国内乃至东南亚颇具影响的尼姑庵奠定了坚实基础，同时我们也看到了，随着党的宗教政策的不断落实，在她弟子性康法师住持下寺院发展的目标一个个实现，新量法师几十年的夙愿终于成为了现实。作为新量法师悉心培养的弟子，性康法师不仅克服种种困难，历时多年终于使法师的愿望成真，而且出于对法师的敬仰，花了大量的时间与精力，并借助社会各方力量采集到一些关于新量法师鲜为人知的事迹，敬献给读者，让更多的人知道新量法师为万佛阁的兴盛和佛教事业发展披肝沥胆、呕心沥血的故事。

读罢《新量法师与万佛阁》，我似乎又听到了万佛阁悠远而深沉的钟声，仿佛又看到了在这个江南古镇河面上随处可见的飘着满是清香的朵朵莲花……

后记二

性　康
上海市佛教协会副会长
上海万佛阁住持

经云：一切有为之法，如露如电、如梦如幻。不知不觉间，恩师新量法师离开我们已经一周年了。每当追忆起与师父在一起的难忘时光，心中就翻涌起难以平复的怀念之情，有很多话语想说，想把恩师的故事讲给每个人听，可好像又怎么说都说不尽似的。

追随恩师多年，从当年的佛学院尼众班到今天万佛阁，期间经历了太多事情，但每一件事无论大小都让我为师父的道心精纯、慈悲为怀的人格而深感折服、心怀敬仰。她老人家就像润物细无声的春雨，在悄无声息中用自己的行持、修为在点点滴滴中影响着每一位弟子。恩师在她晚年几乎将所有心力都倾尽在复原和扩建万佛阁中。为了佛教事业，为了万佛阁的兴盛，她老人家在耋耄之年仍殚精竭虑、呕心沥血。万佛阁从一个近代衰败破落的古老寺院，到如今焕然一新、成为一座庄严整肃、颇具规模的尼众道场，皆赖师父恩德之庇荫。古云“前人栽树、后人乘凉”，众弟子能有如此清净道场安住、修行，每每念及于此，更加思念和感念恩师。

当年由于恩师大愿的感招，我追随师父来到万佛阁，人生轨迹也随之改变，从此与恩师、与万佛阁紧紧联系在一起。一路走来，筚路蓝缕。回想在万佛阁复建的日子里，时常感慨恩师之不易、重建万佛阁之不易，从那时起便有了一个朦胧的念头，要把与恩师一起走过的这段路程记录下来，留给后人，因此大约从 5 年前开始，我便留意保存和整理各种资料，并向各方大德请益，为有朝一日能顺利成书做准备。

及至去年恩师圆寂，弟子不才，发愿继承师父的心愿，继续完成扩建万佛阁的未竟事业，用心照料万佛阁的日常寺务。在这样的过程中，弟子又有了许多切身的体会和感受，对恩师当年的一言一行有了更多深切同感，也更加感到恩师的无私与慈悲。作为弟子，我更加迫切地感受到自己有责任将恩师的事迹记载下来，使更多的四众弟子能够了解恩师，也使恩师的精神能够感召更多的人。正是由于上述缘起，于是着手编撰《新量法师与万佛阁》一书，也希冀此书能够作为对恩师最好的纪念与告慰。

在本书编校过程中，感谢各位领导的大力支持，也感谢各位大德法师和居士的积极配合，为编排此书提供了大量珍贵的影音、图像以及文字资料，使书中有了足够丰富充实的素材。例如在“追忆新量法师座谈会”中，圣缘、信弘、克莲、常明、妙清、常济、正兴、妙相、体圣等大德法师积极发言，畅谈自己与恩师在一起生活相处时的点点滴滴事迹，生动真实，为促成本书提供了良好助缘。在具体编辑本书过程中，感谢张斌老师对关于师父以及万佛阁珍贵资料的搜集，感谢业露华老师、邵捷老师、丁雅萍老师对这些资料的梳理，感谢大家对本书编撰的帮助；同时也感谢整个成书过程中，每一位参与其中的法师和居士的付出，从整理资料到编辑出书的整个过程，离不开他们的认真负责和辛勤工作，对书中图片和文字编排的每一个细节，他们都精雕细琢，力求唯美。以上种种，正是法不孤起、仗缘乃生的生动写照，在此谨向以上所有对本书提供支持和帮助的有缘善士表示真挚的感谢！

如今，以大雄宝殿和天王殿为新标志的万佛阁寺院建筑，经过多年修建后相继落成，适逢寺院殿堂佛像开光的吉祥日子，法缘何等殊胜！《新量法师与万佛阁》一书的出版，既表达了众弟子对她老人家的感恩和缅怀之情，也感恩各界善信对万佛阁长久以来的关心与护持。在未来的岁月里，万佛阁将以她庄严的气象，继续完成师父的悲心遗愿，努力弘法利生、培育人才，相信万佛阁的明天会更加辉煌！

图书在版编目（CIP）数据

新量法师与万佛阁 / 性康主编. -- 上海 : 上海社会科学院出版社, 2016
ISBN 978-7-5520-1613-0

Ⅰ. ①新… Ⅱ. ①性… Ⅲ. ①新量法师（1920-2015）—生平事迹 Ⅳ. ①B949.92

中国版本图书馆 CIP 数据核字（2016）第 247390 号

新量法师与万佛阁

主　　编: 性　康
责任编辑: 董汉玲
书籍设计: 上海福幢文化工作室
出版发行: 上海社会科学院出版社
　　　　　上海顺昌路 622 号　邮编 200025
　　　　　电话总机 021-63315900　销售热线 021-53063735
　　　　　http://www.sassp.org.cn　E-mail:sassp@sass.org.cn
印　　刷: 上海邦达敏奕印务有限公司
开　　本: 889×1194 毫米　1/16 开
印　　张: 11.75
插　　页: 2
字　　数: 150 千字
版　　次: 2016 年 10 月第 1 版　　2016 年 10 月第 1 次印刷

ISBN 978-7-5520-1613-0/B.136　　定价: 220 元